Die Krise der bürgerlichen Ideologie
und die Lehre von der Denkweise

IV. Teil

Die Krise der bürgerlichen Gesellschaftswissenschaften,
der Religion und der Kultur

Oktober 2024

Redaktionskollektiv REVOLUTIONÄRER WEG
unter Leitung von Stefan Engel
Schmalhorststr. 1b, 45899 Gelsenkirchen

Die Krise der bürgerlichen Gesellschaftswissenschaften,
der Religion und der Kultur

Zuerst erschienen als REVOLUTIONÄRER WEG 39/IV. Teil
in der Reihe REVOLUTIONÄRER WEG 36 bis 40

Die Krise der bürgerlichen Ideologie
und die Lehre von der Denkweise

© Verlag Neuer Weg
Mediengruppe Neuer Weg GmbH
Alte Bottroper Straße 42, 45356 Essen
verlag@neuerweg.de
www.neuerweg.de

Gesamtherstellung: Mediengruppe Neuer Weg GmbH

ISBN 978-3-88021-709-6
ePDF ISBN 978-3-88021-710-2

gedruckt auf 100 Prozent Recycling-Papier,
ausgezeichnet mit dem Blauen Umweltengel

Stefan Engel · Monika Gärtner-Engel

Die Krise der bürgerlichen Ideologie und die Lehre von der Denkweise

IV. Teil
Die Krise der bürgerlichen Gesellschaftswissenschaften, der Religion und der Kultur

Verlag Neuer Weg

Inhalt

Die Krise der bürgerlichen Ideologie und die Lehre von der Denkweise

IV. Teil: Die Krise der bürgerlichen Gesellschaftswissenschaften, der Religion und der Kultur 7

Einleitung 7

1. Die Krise der Religion 13

   1.1. Religion als historisch erste weltanschauliche Grundlage der Klassengesellschaften 13

   1.2. Die Krise der Religion und die dialektisch-materialistische Religionskritik 24

   1.3. Die Anthroposophie – eine halbreligiöse und elitäre Lebensphilosophie 37

2. Die Unwissenschaftlichkeit der bürgerlichen Gesellschaftswissenschaften 43

   2.1. Die Fantasterei bürgerlicher Wirtschaftswissenschaften 43

   2.2. Das Dilemma der bürgerlichen Agrarwissenschaften 54

   2.3. Die bürgerliche Geschichtsschreibung degeneriert zur Revision historischer Tatsachen 62

   2.4. Der Drahtseilakt der
bürgerlichen Pädagogik 73

   2.5. Die Manipulation der öffentlichen
Meinung durch die bürgerliche Soziologie 87

   2.6. Fragwürdige Theorie und Praxis
der bürgerlichen Rechtswissenschaft 96

3. Die Krise der bürgerlichen Kultur 113

   3.1. Die zwiespältige Rolle der Kultur
in der bürgerlichen Gesellschaft 113

   3.2. Die Rolle der Sprache
im weltanschaulichen Kampf 124

   3.3. Beethovens Musik als Produkt
der Aufklärung 136

   3.4. Schöpferische Potenziale und Krise
der bildenden und darstellenden Kunst 142

   3.5. Die imperialistische Sportkultur
als Vehikel der bürgerlichen Ideologie 154

   3.6. Die Lebenslüge von den »freien Medien« 166

   3.7. Zunehmende Dekadenz in der
bürgerlichen Massenkultur 181

4. Die Notwendigkeit der Weiterentwicklung der proletarischen Weltanschauung und der Lehre von der Denkweise 195

IV. Die Krise der bürgerlichen Gesellschaftswissenschaften, der Religion und der Kultur

Einleitung

Der vierte Band der Buchreihe »Die Krise der bürgerlichen Ideologie und die Lehre von der Denkweise« befasst sich mit der **Krise der bürgerlichen Gesellschaftswissenschaften, der Religion und der Kultur**.

Jede Gesellschaft braucht zum Funktionieren relativ vereinheitlichte weltanschauliche und kulturelle Erklärungen, Normen und Regeln. Mit den Klassengesellschaften entstanden **Religionen** als historisch erste **systematisierte weltanschauliche Grundlagen**.

Mit der Herausbildung des Kapitalismus, beim Siegeszug von Aufklärung und modernen Naturwissenschaften ging der gesellschaftliche Einfluss der Religionen zurück. Die **bürgerliche Ideologie** entstand und beanspruchte weltanschauliche Deutungshoheit über die bürgerliche Gesellschaft.

Die Entstehung der Arbeiterklasse bildete die materielle Grundlage für die Herausbildung der **proletarischen Ideologie**. Ihre materialistische Dialektik wurde zeitweilig zur vorherrschenden Methode für forschendes und freies Denken und Handeln in Wissenschaft und Kunst.

Die bürgerlichen Gesellschaftswissenschaften, die Kunst und die Kultur schlugen im Kampf gegen den Feudalismus bedeutende Schlachten: die Soziologie und Pädagogik der

Aufklärung Jean-Jacques Rousseaus, die Musik Ludwig van Beethovens, die Sprache und Literatur Johann Wolfgang von Goethes, die Enzyklopädie Denis Diderots, die Ökonomie David Ricardos oder die Philosophie Immanuel Kants, Georg Wilhelm Friedrich Hegels und Ludwig Feuerbachs.

Insbesondere seit der Herausbildung des Imperialismus sahen sich die Herrschenden gezwungen, reaktionäre Rechtfertigungslinien und Verschleierungstaktiken für die kapitalistische Ausbeutergesellschaft anzubieten. Mit der Entstehung der allgemeinen Krisenhaftigkeit des Imperialismus wurden diese zunehmend vielschichtiger und reaktionärer. Schließlich geriet das ganze bürgerliche Betrugssystem selbst in einen fortwährenden Krisenmodus.

Der Eintritt in die globale Umweltkatastrophe, die akute Gefahr eines atomaren Dritten Weltkriegs in Wechselwirkung mit einer wachsenden internationalen Tendenz zum Faschismus haben die Menschheit in eine **latente Existenzkrise** gestürzt. Die Destruktivkräfte des Imperialismus und ihre weltanschaulichen Ausprägungen treten immer abstoßender in Erscheinung.

Als Antwort auf die gesellschaftlichen Krisen fördern die Herrschenden verstärkt **Religionen** sowie halbreligiöse Weltanschauungen wie Anthroposophie oder Esoterik.

Die bürgerlichen **Gesellschaftswissenschaften** sollen den unterdrückten Massen die bürgerliche Gesellschaft nahebringen, sie auf ihre Verhaltensregeln ausrichten und kritischen Geistern illusionäre Irrwege weisen.

Sie geben vor, gesellschaftliche Probleme von demokratischen Werten geleitet zu ergründen und zu lösen. Tatsächlich sind sie heute im Wesen **Pseudowissenschaften** mit der hauptsächlichen Aufgabe, das imperialistische Weltsystem schönzureden und die öffentliche Meinung antikommunistisch zu beeinflussen.

Aber die Massen sind wacher und kritischer geworden! Um sie zu manipulieren und zu verwirren, wurde in den »modernen« kapitalistischen Gesellschaften das **gesellschaftliche System der kleinbürgerlich-intellektuellen Denkweise** geschaffen.

Der **bürgerliche Kulturbetrieb** zielt besonders auf die Gefühle. Neben Elementen der Aufklärung und fortschrittlicher Ausbildung der Lebenskultur erzeugt und verstärkt die **bürgerliche Massenkultur** heute jedoch die zersetzende und negativistische kleinbürgerliche Denkweise, individuelle Selbstverwirklichung, Karrierismus, Egoismus; sie idealisiert die Nationalstaaten und die bürgerlichen Staats- und Familienverhältnisse und nimmt auch immer mehr **dekadente Züge** an.

Die **bürgerliche Geschichtsschreibung** hat vor allem die Aufgabe, die herrschenden Verhältnisse zu rechtfertigen und zu idealisieren. Sie verfälscht dazu die Geschichte als eine zufällige Aneinanderreihung von Taten oder Untaten großer Persönlichkeiten und ihrer Gefolgsleute. Die moderne Geschichtsschreibung ignoriert gesellschaftliche Gesetzmäßigkeiten. Sie verleumdet die ehemals sozialistischen Länder und zeichnet ein antikommunistisches Zerrbild von ihnen.

Die **bürgerliche Pädagogik** erzieht die Jugend im Sinne der bürgerlichen Staats- und Familienordnung. Sie suggeriert, dass die kapitalistische Gesellschaft das »Normale« und unantastbar sei.

Bürgerliche **Soziologie und Politikwissenschaft** versuchen, die sich immer häufiger und heftiger entfaltenden gesellschaftlichen Krisen zu rechtfertigen. Das gleicht der unlösbaren Aufgabe einer Quadratur des Kreises. Sie richten das bürgerliche Krisenmanagement auf illusionäre Hoffnungen in die kapitalistische Gesellschaftsordnung oder lösen Weltuntergangsstimmung aus, um die Massen von der Erkenntnis abzuhalten, dass die sozialistische Weltrevolution notwendig und unvermeidlich ist.

Das **bürgerliche Rechtssystem** genießt bis heute zu Unrecht den guten Ruf,»im Namen des Volkes« Gerechtigkeit walten zu lassen. Ihrem Wesen nach praktizieren Gerichte jedoch **bürgerliche Klassenjustiz**. Ihr Instrumentarium reicht von offener Repression bis zu einem scheinbaren Interessenausgleich zwischen unversöhnlichen Klassengegensätzen.

Die bürgerlichen **Wirtschaftswissenschaften** prahlen mit angeblich wissenschaftlich begründeten Analysen und Prognosen. Tatsächlich bleiben sie weitgehend zweckmotivierte Kaffeesatzleserei im Sinne der Diktatur der Monopole und ihrer Wirtschaftsweisen.

Die **Agrarwissenschaft** kreist als ein Feld der Wirtschaftswissenschaften meist um den konstruierten Hauptwiderspruch zwischen »konventioneller« und »ökologischer« Agrarwirtschaft. In Wirklichkeit besteht er zwischen der monopolistischen Agrarindustrie und den Lebensinteressen der Masse der Bauern, der breiten Massen und der Natur.

Goethe gestaltete die **deutsche Sprache** dialektisch. Seine Werke prägen seither mehr oder weniger die deutsche Literatur. Die Differenziertheit seiner Grammatik, die Exaktheit seiner Begriffe und Formulierungen bleiben vorbildlich. Im System der kleinbürgerlichen Denkweise wuchern dagegen pseudo-kreative Wortspielereien, verschleiernde Begriffsbildungen und eine Verrohung der Sprache.

Die Massen in Deutschland zeigen ein gewachsenes Informationsbedürfnis und zunehmendes Kulturniveau. Sie drängen nach selbständiger Meinungsbildung. Dem trägt die kapitalistische **Lebenslüge** der »**freien Medien**« scheinbar Rechnung. In Wahrheit verschleiern die monopolisierten Massenmedien nur ihren Zweck – die Manipulation der öffentlichen Meinung in einer raffinierten Mischung aus Wahrheit, Halbwahrheiten und Lügen.

Der **bürgerliche Sport** erzielt durch die Berichterstattung über Profiveranstaltungen in Fernsehen, Radio und Internet sprudelnde Milliardenprofite. Gleichzeitig vermittelt er eine kleinbürgerliche Denk- und Lebensweise des Individualismus, der persönlichen Profilierung, der Konkurrenz, des Karrierismus und des bürgerlichen Nationalismus.

Die bürgerlichen Gesellschaftswissenschaften und Kultur können aber angesichts der kapitalistischen Realität immer weniger die Sehnsucht der Massen nach Klarheit und Perspektive befriedigen.

Daraus erwächst die dringliche **Notwendigkeit, das freie Denken** des wissenschaftlichen Sozialismus unter der Arbeiterklasse und den breiten Massen zu fördern. Eine Bewegung zu seiner Wiederbelebung und Verbreitung bildet das entscheidende weltanschauliche Fundament für das Erwachen und die Entwicklung des Klassenbewusstseins bis zum sozialistischen Bewusstsein.

Das schließt **die unverzichtbare Weiterentwicklung der dialektisch-materialistischen Gesellschaftswissenschaften und der proletarischen Kulturarbeit** ein. Alle wertvollen Errungenschaften der bisherigen Menschheitsgeschichte müssen dabei gegen die zunehmende Dekadenz der imperialistischen Entwicklung verteidigt und erhalten werden.

Die **dialektische Negation** der bürgerlichen Gesellschaftswissenschaften, der Kultur und Religion ist eine wesentliche weltanschauliche und praktische Schule eines überzeugenden gesellschaftsverändernden Kampfs.

Sie hat zum Ziel, das proletarische Selbstverständnis, Selbstbewusstsein und Verhalten von immer mehr fortschrittlich oder revolutionär gesinnten Menschen in ihrem ganzen Lebensalltag herauszubilden und zu entwickeln. Sie ist auch

Anleitung für die bewusste Gestaltung des Überbaus einer künftigen sozialistischen Gesellschaft auf der Grundlage der proletarischen Denkweise.

Dieses Buch beruht ebenso wie die ersten drei Bände auf einer großen kollektiven Leistung von insgesamt 140 Autorinnen und Autoren. Entsprechend der Breite der Themen dieser Streitschrift haben Arbeiterinnen und Arbeiter, Fachleute der Wirtschaftswissenschaften, der Pädagogik, Soziologie, Literatur, Kunst und aus dem Rechtswesen unter Anleitung und Schriftleitung von Monika Gärtner-Engel und mir zusammengewirkt.

Mit dem Buch würdigen wir besonders den Revolutionär **Joachim Gärtner**, der vor allem am Abschnitt über Beethoven mitarbeitete. Er stellte seine umfangreichen Kenntnisse und Fähigkeiten während des gesamten Parteiaufbaus der revolutionären Arbeiter- und Jugendbewegung zur Verfügung. Er verstarb am 21. Februar 2024 in Kassel.

Stefan Engel, Oktober 2024

1. Die Krise der Religion

1.1. Religion als historisch erste weltanschauliche Grundlage der Klassengesellschaften

Die Erdgeschichte ist etwa 4,6 Milliarden Jahre alt, die Menschheitsgeschichte etwa zwei Millionen Jahre. Weit über 99 Prozent dieses Zeitraums lebte die Menschheit in **kommunistischen Urgesellschaften**.

Da sich die Menschen viele Prozesse in der Natur nicht erklären konnten, schrieben sie sie allerlei guten und bösen Geistern zu. So entstanden die Naturreligionen. Die immerwährende Suche nach Erklärungen entwickelte das menschliche Gehirn und die Sprache weiter.

Die fortschreitende gesellschaftliche Arbeitsteilung ließ seit rund 5 000 Jahren einen Sippen- und Stammesadel entstehen, der sich die entscheidenden Produktionsmittel als Privateigentum aneignete. So entstand die erste gesellschaftliche Klassenscheidung in herrschende und ausgebeutete Klassen.

Mit der wachsenden Produktivität entwickelte sich die Trennung von Kopf- und Handarbeit. Sie wurde zur Grundlage einer Schicht von Priestern. Diese »Schriftgelehrten« schrieben die nun herrschenden Regeln nieder und verliehen ihnen kraft ihrer Autorität göttliche Weihen. Tempel wurden zu religiösen, ökonomischen und politischen Machtzentren. Widerstand ächteten die Priester als Ungehorsam gegen die Götter und bestraften ihn hart.

Religionen wurden **historisch zur ersten in sich geschlossenen weltanschaulichen Grundlage der Klassengesellschaften**. Friedrich Engels schrieb zur Herausbildung von Religionen:

»*Aber bald treten neben den Naturmächten auch gesellschaftliche Mächte in Wirksamkeit, Mächte, die den Menschen ebenso fremd und im Anfang ebenso unerklärlich gegenüberstehn, sie mit derselben scheinbaren Naturnotwendigkeit beherrschen wie die Naturmächte selbst.*«[1]

Der Hinduismus – eine Weltreligion aus längst vergangener Zeit

Zunächst verehrten die Menschen viele Göttinnen und Götter. Der »Polytheismus« bildete die religiöse Grundlage der Sklavenhaltergesellschaften.

»Hinduismus« ist ein von den britischen Kolonialisten geprägter Sammelbegriff für die vielschichtigen polytheistischen Religionen auf dem indischen Subkontinent. Diese waren 1858, als Indien zur britischen Kolonie wurde, bereits weitgehend vom Islam zurückgedrängt worden. Die neuen Kolonialherren förderten die Renaissance des Hinduismus zur schließlich dominierenden Religion, um die indische Gesellschaft zu spalten und ihre koloniale Unterdrückung zu stabilisieren.

Der Hinduismus ist mit heute 1,25 Milliarden Anhängern die drittgrößte Weltreligion. Entsprechend ihrem frühen Ursprung ist sie kein philosophisches Gesamtgebilde, sondern eher eine **Ansammlung von religiös vermittelten Lebensweisheiten und -regeln**. Dazu gehören sinnvolle Alltagsrituale, die die Hygiene fördern, wie tägliche rituelle Reinigungen, Begrüßungen ohne Berührung mit den Händen, die Achtung vor der Tier- und Pflanzenwelt, vegetarisches Essen und mehr. Insgesamt umfasst der Hinduismus 330 Millionen Göttinnen und Götter, Rituale sowie moralische und soziale Regeln.

---

[1] Friedrich Engels, »Anti-Dühring«, Marx/Engels, Werke, Bd. 20, S. 294

Sozialökonomische Grundlage des Hinduismus ist das streng hierarchisch geprägte, unterdrückerische **Kastenwesen**, das angeblich den göttlichen Willen verkörpere.[2]

Nach den Lehren des Hinduismus ist das Leben der Hindus bestimmt vom Gesetz des Karmas und der Vorstellung der Wiedergeburt. Ein Leben nach den strengen »Zehn Regeln des Hinduismus« verspricht ein gutes Karma, Verstöße dagegen ein schlechtes. Wer arm ist und einer niedrigen Kaste angehört, erleide demnach nur die gerechte Strafe für seine Vergehen in einem früheren Leben.

Wie peinlich für die »zivilisationsgeplagten Europäer«, dass sich Heerscharen von meist kleinbürgerlichen und bürgerlichen Touristen aus Nordamerika und Europa für ihr Seelenheil glatt 4 000 Jahre zurückversetzen und sich von zwielichtigen Gurus für viel Geld Erleuchtung erhoffen. In ihrer Inkonsequenz denken sie nicht im Traum daran, das durch den Hinduismus verordnete reaktionäre Kastendasein anzuprangern. So weit geht die Erleuchtung nicht.

Die monotheistischen Religionen der feudalen und bürgerlichen Klassengesellschaften

Mit den Großreichen der ägyptischen oder römischen Gesellschaften ging eine Zentralisierung der Macht auf führende Herrscher wie Pharaone oder Cäsare und damit auf weltliche Zentralgewalten einher. Dementsprechend wurden die bisherigen Stammesgottheiten schrittweise ersetzt durch die Vorstellung eines einzigen allmächtigen Gottes. Zu diesem **Monotheismus** führte Friedrich Engels aus:

»Auf einer noch weitern Entwicklungsstufe werden sämtliche natürlichen und gesellschaftlichen Attribute der vielen Götter

---

[2] Offiziell ist das Kastenwesen seit 1949 abgeschafft, real hat es bis heute eine elementare Bedeutung in der indischen Gesellschaft.

auf Einen allmächtigen Gott übertragen ... So entstand der Monotheismus ... In dieser bequemen, handlichen und allem anpaßbaren Gestalt kann die Religion fortbestehn«.[3]

Die monotheistischen Religionen spiegelten zunächst den gesellschaftlichen Fortschritt des Übergangs vom Sklavenhaltertum zum Feudalismus wider. Judentum, Christentum, Islam oder Buddhismus waren in ihren Anfängen religiöser Ausdruck der Sehnsucht der unterdrückten Massen nach einer sie von den Herrschenden erlösenden Macht. Karl Marx stellte fest:

»Die Religion ist der Seufzer der bedrängten Kreatur, das Gemüt einer herzlosen Welt, wie sie der Geist geistloser Zustände ist. Sie ist das **Opium** *des Volks.«*[4]

Die herrschenden Klassen wiederum nutzten die ihnen genehmen Botschaften der Religionen, um ihre Herrschaft zu rechtfertigen. Dazu gehören auch die Legitimierung brutalster Eroberungsfeldzüge gegen »gottlose Völker« oder die Rechtfertigung der männlichen Herrschaft über die Frau in allen Weltreligionen. Lenin polemisierte:

»Denjenigen, der sein Leben lang arbeitet und Not leidet, lehrt die Religion Demut und Langmut hienieden und vertröstet ihn mit der Hoffnung auf himmlischen Lohn. Diejenigen aber, die von fremder Arbeit leben, lehrt die Religion Wohltätigkeit hienieden, womit sie ihnen eine recht billige Rechtfertigung ihres ganzen Ausbeuterdaseins anbietet und Eintrittskarten für die himmlische Seligkeit zu erschwinglichen Preisen verkauft.«[5]

---

[3] Friedrich Engels, »Anti-Dühring«, Marx/Engels, Werke, Bd. 20, S. 294

[4] Karl Marx, »Zur Kritik der Hegelschen Rechtsphilosophie«, Marx/Engels, Werke, Bd. 1, S. 378

[5] Lenin, »Sozialismus und Religion«, Werke, Bd. 10, S. 70/71

Aber die fantastischen Wunschvorstellungen vom »paradiesischen Jenseits« gegenüber dem »elenden Diesseits« sollen nur die gegebenen Verhältnisse zementieren.

Die Religion verkörpert in ihren verschiedenen Ausprägungen bis heute **wesentlich weltanschaulichen Idealismus**, nach dem Ideen die Geschichte schreiben würden. Charakteristisch heißt der erste Satz des Johannesevangeliums im Neuen Testament der christlichen Bibel: »*Im Anfang war das Wort*«.[6]

Die herrschende Bourgeoisie ist gezwungen, die religiösen Grundlagen der Gesellschaft im Sinn der kapitalistischen Erfordernisse zu modifizieren, um dem gesellschaftlichen Erkenntnisfortschritt Rechnung zu tragen. Statt nur auf ein besseres Leben im »Jenseits« zu vertrösten, predigen die Kirchen heute vielfach sozialreformerisches Wirken:

»*Der große Zusammenhang von Gerechtigkeit, Frieden und Bewahrung der Schöpfung ist und bleibt eine wichtige Aufgabe*«.[7]

Aber die Selbstbefreiung der Arbeiter und ihr Klassenkampf werden verteufelt:

»*Der Klassenkampf ermutigt die Todsünde des Neids und arbeitet mit dem Schema ›Wir gegen die anderen‹.*«[8]

So kritikwürdig die religiöse Illusion über ein paradiesisches Jenseits ist, so verteufelt die dialektisch-materialistische Religionskritik sie trotzdem nicht. Sie stellt vielmehr die ins Paradies projizierten Träume der Massen vom himmlischen Kopf auf die irdischen Füße:

---

[6] »Das Evangelium nach Johannes«, Kapitel 1, Vers 1

[7] Landesbischof Dr. Heinrich Bedford-Strohm, Vorsitzender des Rats der Evangelischen Kirche in Deutschland (EKD), »Ökumene im 21. Jahrhundert«, S. 7, ekd.de Oktober 2015

[8] »5 Gründe, warum die Kirche den Kommunismus kategorisch ablehnt«, de.catholicnewsagency.com 27.7.2019

»*Die Aufhebung der Religion als des **illusorischen** Glücks des Volkes ist die Forderung seines **wirklichen** Glücks.*«[9]

Das Judentum

Das **Judentum** ist die älteste und kleinste monotheistische Religionsgemeinschaft. Ihm gehören weltweit heute rund 15 Millionen Menschen an. Seine Entstehung ist eng verknüpft mit dem Wunsch nach Befreiung des Volks Israel von ägyptischer oder römischer Unterdrückung.

»*Erst im babylonischen Exil gewann die bis dahin noch keineswegs endgültig geformte jüdische Religion feste Gestalt. ... Die bei den Juden bereits vorhandene monotheistische Tendenz mußte aber von der sozialen Wirkung des Exils den nachdrücklichsten Impuls erhalten.*«[10]

In der **Thora** sind die Glaubensgrundsätze des Judentums erstmals schriftlich dargelegt.

Juden wurden seit Jahrhunderten von Regierungen, christlichen und islamischen Kräften und Institutionen besonders verfolgt. Die Ideologie des Antisemitismus schürte religiöse Konflikte, Eroberungskriege und Pogrome. Der Hitler-Faschismus integrierte den Antisemitismus in seine faschistische Ideologie. Das gipfelte in der Schoa, dem barbarischen Massenmord an sechs Millionen europäischen Jüdinnen und Juden.

Umgekehrt machte der **Zionismus** aus der jüdischen Religion zunehmend eine elitäre Weltanschauung. Mit der Theorie vom »auserwählten Volk« begründet der heutige Staat Israel seinen imperialistischen Herrschaftsanspruch über die palästinensischen Gebiete und eine vermeintlich gottgegebene Dominanz über die arabische Welt.

---

[9] Karl Marx, »Zur Kritik der Hegelschen Rechtsphilosophie«, Marx/Engels, Werke, Bd. 1, S. 379

[10] Otto Heller, »Der Untergang des Judentums«, S. 114

Die zwiespältigen Botschaften des Christentums

Das **Christentum** entstand vor etwa 2000 Jahren und ist mit 2,5 Milliarden Anhängern die größte monotheistische Weltreligion. Sie verbreitete sich ursprünglich als weltanschauliche Grundlage des Widerstands gegen das römische Imperium, die damals höchste Form der Sklavenhaltergesellschaft im Mittelmeerraum. Die zentrale Figur Jesus wird überliefert als rebellischer Hoffnungsträger des Widerstands des Volks von Israel. Erst später mystifizierten die Christen ihn durch den Beinamen »**Christus**« zum religiösen Erlöser der Menschheit.

Die Botschaft des Christentums lautet: Der Sohn Gottes – Jesus Christus – habe durch seinen Opfertod am Kreuz stellvertretend alle Gläubigen gerettet. Der Glaube an die Gnade Gottes erlöse die Menschen und gewähre ihnen bei entsprechend gottgefälligem Verhalten ein ewiges Leben im Jenseits.

Wer dagegen begann, gegen Ausbeuter und Unterdrücker zu rebellieren, dem schrieb Jesus Christus in seiner »Bergpredigt« Unterwürfigkeit ins Stammbuch,

»wenn dich einer auf die rechte Wange schlägt, dann halt ihm auch die andere hin. ... Liebt eure Feinde und betet für die, die euch verfolgen, damit ihr Söhne eures Vaters im Himmel werdet«.[11]

Die **Nächstenliebe** gilt bis heute als herausragendes Markenzeichen des Christentums. Doch was bedeutet die »Nächstenliebe« in einer Klassengesellschaft? Nächstenliebe unter den Volksmassen? Unbedingt Ja! Doch Nächstenliebe, Feindesliebe für Ausbeuter, Unterdrücker, Kriegstreiber, Umweltverbrecher oder Faschisten? Nein! Das freie Denken hält es

---

[11] »Das Evangelium nach Matthäus«, Kapitel 5, Vers 39 und Vers 44/45

eher mit dem französischen Philosophen **Jean-Paul Sartre**, der betonte:

»*Um die Menschen zu lieben, muss man sehr stark hassen, was sie unterdrückt.*«[12]

Im Jahr 380 nach unserer Zeitrechnung wurde das Christentum erstmals **Staatsreligion** im Römischen Reich. Das Gründungsdokument wurde die **Bibel**. Die kirchlichen Organisationen und Strukturen dienten fortan als wesentliche Stütze des feudalen Absolutismus unter dem Motto:

»*So gebt dem Kaiser, was dem Kaiser gehört, und Gott, was Gott gehört!*«[13]

»Thron und Altar«, Kirche und Staat verschmolzen auf das Engste. Mit weltlichen Pfründen üppig ausgestattete christliche Kirchenfürsten bekämpften und behinderten über 1 000 Jahre den wissenschaftlichen, weltanschaulichen, sozialen und politischen Fortschritt.

Mit der entstehenden kapitalistischen Produktionsweise im Europa des 15. und 16. Jahrhunderts befreiten sich die aufstrebenden bürgerlich-kapitalistischen Kräfte schrittweise von den Fesseln des katholischen Absolutismus und Dogmatismus.

Martin Luther leitete 1517 die Reformation ein und wurde einer der Führer des »**Protestantismus**«. Diese neu entstehende zweite Hauptströmung des Christentums bekämpfte den feudalen Klerus. Für den Aufstieg des Kapitalismus erwies er sich als geeignetere Religion.

Der Protestantismus war auch weltanschaulicher Ausgang der Bauernkriege, von denen sich Luther distanzierte, nach-

---

[12] zitiert nach: »Jean Ziegler im Gespräch – Empört euch!«, Süddeutsche Zeitung, 24.7.2011

[13] »Das Evangelium nach Matthäus«, Kapitel 22, Vers 21

dem er zu Rang und Namen gekommen war. So schrieb er im Jahr 1525 zum Aufstand der Bauern:

»*Drum soll hier zuschmeißen, würgen und stechen, heimlich oder öffentlich, wer da kann, und gedenken, dass nichts Giftigeres, Schädlicheres, Teuflischeres sein kann, denn ein aufrührerischer Mensch. Gleich als wenn man einen tollen Hund totschlagen muss«.*[14]

Luther war außerdem glühender Antisemit. Seine Schrift »Von den Juden und ihren Lügen« diente den Hitler-Faschisten noch Jahrhunderte später als Rechtfertigung der Judenverfolgung. Dagegen rief der Revolutionär, Theologe und Anführer der Bauern, **Thomas Müntzer**, die Massen »*zum bewaffneten Einschreiten*« auf, um »*das Reich Gottes hier auf der Erde herzustellen*«. Friedrich Engels würdigte ihn:

»*Wie Münzers Religionsphilosophie an den Atheismus, so streifte sein politisches Programm an den Kommunismus*«.[15]

Der Islam

Der **Islam** ist heute mit offiziell rund 1,9 Milliarden Anhängern die zweitgrößte Weltreligion. Der wohlhabende Kaufmann **Mohammed** gründete diese neue Religion im siebten Jahrhundert in Mekka. Mohammed wollte die verschiedenen arabischen Stämme in einem einheitlichen Staatsgebilde zusammenschließen. Denn Großgrundbesitz und Handel brauchten einheitliche Normen und Regeln für das Zusammenleben der bisher vereinzelten und meist zerstrittenen arabischen Stämme. Die monotheistische Vereinheitlichung unter den einen Gott – **Allah** – war dafür eine geeignete welt-

---

[14] Martin Luther, »Wider die räuberischen und mörderischen Rotten der Bauern«, zitiert nach: »Schluss mit der Luther-Apologie«, kulturrat.de 1. 3. 2009

[15] Friedrich Engels, »Der deutsche Bauernkrieg«, Marx/Engels, Werke, Bd. 7, S. 352/353; Engels schrieb »Münzer« statt »Müntzer«.

anschauliche Hülle. Diese beanspruchte, im **Koran** wäre das unverfälschte, authentische »Wort Gottes« dem »Propheten« Mohammed vermittelt und dann niedergeschrieben worden.

Der Islam schließt weltanschauliche Elemente, soziale und rituelle Regeln des Juden- und Christentums ein, weshalb sich Mohammed diesen Religionen gegenüber auch tolerant und aufgeschlossen zeigte. Der reaktionäre Alleinvertretungsanspruch des Islam entwickelte sich erst mit seiner Wandlung zur **Staatsreligion** unterdrückerischer Mächte. Der Islam wurde damit immer stärker auch zur Kriegserklärung gegen alle »Ungläubigen«.

Die mystische Klassenversöhnung des Buddhismus

Der **Buddhismus** ist mit bis zu 500 Millionen Anhängern die weltweit viertgrößte Religion – verbreitet vor allem in Süd- und Ostasien. Der Religionsstifter **Siddhartha Gautama** wurde etwa im Jahr 560 vor unserer Zeit im heutigen Nepal geboren. Der Buddhismus entstand ursprünglich als Protest der Unterdrückten gegen einen Vorläufer des Hinduismus, den Brahmanismus, der das Kastensystem begründete. Die idealistischen Leitsätze von Buddha lauten:

»*Der Geist ist alles. Was du denkst, das wirst du. ... Wir sind, was wir denken. Alles, was wir sind, entsteht aus unseren Gedanken. Mit unseren Gedanken formen wir die Welt.*«[16]

Demnach spiegeln sich nicht die materielle Welt, nicht die historische Umgebung und erst recht nicht die Klassenlage in den Gedanken der Menschen wider, sondern die Ideen prägen die Wirklichkeit. Entsprechend müsse der Mensch das Leiden als unabwendbar anerkennen. Allein auf dem Weg der »Erleuchtung« könne er zum subjektiv empfundenen Glück,

---

[16] Christoph Schulz, »Buddha Zitate – 50 inspirierende Weisheiten & Sprüche vom Begründer des Buddhismus«, careelite.de 17.1.2023

zur »Erlösung« finden. Auf diese Weise sei eine Gleichheit aller Menschen möglich. Der hungernde Bettler oder der schwer schuftende Bauer können nach dieser Mystik genauso viel Glück finden wie der reiche Großgrundbesitzer oder der Bourgeois, die ihn ausplündern! Der sanft anmutende Buddhismus idealisiert Ausbeutung und Unterdrückung bis zur maximalen Unterwerfung am Boden kriechender Menschen unter die feudalistischen Zustände buddhistischer Klöster.

Seit der zweiten Hälfte des 20. Jahrhunderts wurde der Buddhismus auch in westlich-kapitalistischen Ländern vor allem unter kleinbürgerlichen Kräften populär – als mystisch-kleinbürgerliche Rechtfertigung der Flucht aus der Wirklichkeit oder zumindest dem Kampf um ihre Veränderung, gemäß dem Leitsatz Buddhas:

»Nicht außerhalb, nur in sich selbst soll man den Frieden suchen. Wer die innere Stille gefunden hat, der greift nach nichts, und er verwirft auch nichts.«[17]

Der bürgerliche Hype um die Welt des Buddhismus boomt unter dem Nimbus der Kritik an Konsumexzess und der Suche nach einem tieferen Lebenssinn im imperialistischen Weltsystem, nach Friedensliebe und Toleranz. Die wirklichen Kenner der buddhistischen Welt urteilen weit nüchterner:

»›Es ist keineswegs so, dass der Buddhismus nur eine friedliche Religion wäre, die keine Gewalt gegen andere Religionen ausübt‹. ... In Myanmar beispielsweise kommt es immer wieder zu Auseinandersetzungen zwischen buddhistischen Mönchen und der muslimischen Minderheit. Insbesondere die Rohingya werden diskriminiert und sehen sich oftmals Verhaftungen und Folterungen ausgesetzt.«[18]

---

[17] ebenda

[18] Studienkreis für Tourismus und Entwicklung, »Das neue SympathieMagazin ›Buddhismus verstehen‹ beschreibt eine Religion im Wandel«, studienkreis.org 18. 1. 2024

1.2. Die Krise der Religion und die dialektisch-materialistische Religionskritik

Die Krise der Religion

Solange die Bourgeoisie in Europa eine aufstrebende Klasse war, bekämpfte sie die Fesseln der Religion und die theologische Rechtfertigung der absolutistischen Feudalherrschaft mit der Philosophie der Aufklärung. 1841 läutete **Ludwig Feuerbach** mit seiner berühmten antireligiösen Polemik »Das Wesen des Christentums« den **Siegeszug des Materialismus gegen den Idealismus** ein.

Karl Marx würdigte den Kern dieser Schrift:

»Das Fundament der irreligiösen Kritik ist: ***Der Mensch macht die Religion****, die Religion macht nicht den Menschen.«*[19]

Zur gleichen Zeit widerlegten neue naturwissenschaftliche Erkenntnisse religiöse Dogmen. 1859 entzauberte **Charles Darwin** in seiner Schrift »Über die Entstehung der Arten« die religiösen Schöpfungsmythen. Marx, Engels und später Lenin entwickelten die **dialektisch-materialistische Religionskritik**.

Im weltberühmten Kommunistischen Manifest polemisieren Marx und Engels gegen die Bourgeoisie, die

»alle feudalen, patriarchalischen, idyllischen Verhältnisse zerstört (hat) *... Sie hat die heiligen Schauer der frommen Schwärmerei ... in dem eiskalten Wasser egoistischer Berechnung ertränkt ...* (und) *die persönliche Würde in den Tauschwert aufgelöst«.*[20]

---

[19] Karl Marx, »Zur Kritik der Hegelschen Rechtsphilosophie«, Marx/Engels, Werke, Bd. 1, S. 378

[20] Karl Marx, Friedrich Engels, »Manifest der Kommunistischen Partei«, Marx/Engels, Werke, Bd. 4, S. 464/465

Die Arbeiterbewegung erhob ihr Haupt und trat mit Demonstrationen, Streiks, Aufständen und Arbeiterassoziationen auf den Plan. Dabei entfaltete sich im modernen Proletariat mehr und mehr das **klassenbewusste freie Denken**. Lenin analysierte 1905:

»Durch die Fabrik der Großindustrie erzogen und durch das städtische Leben aufgeklärt, wirft der moderne klassenbewußte Arbeiter die religiösen Vorurteile mit Verachtung von sich, überläßt den Himmel den Pfaffen und bürgerlichen Frömmlern und erkämpft sich ein besseres Leben hier auf Erden.«[21]

All das war Ausgangspunkt der **Krise der Religion**.

Krisenmanagement zur Verteidigung der Religion

Seit Beginn ihrer Herrschaft versuchte die Bourgeoisie systematisch, die Religion als Damm gegen den wachsenden Einfluss der proletarischen Ideologie und des wissenschaftlichen Sozialismus aufzubauen. Das Christentum

»wurde mehr und mehr Alleinbesitz der herrschenden Klassen, und diese wenden es an als bloßes Regierungsmittel, womit die untern Klassen in Schranken gehalten werden.«[22]

Die Amtskirchen entwickelten sich zu Trägern des Antikommunismus. Der kapitalistische Staat stattete die Kirchen mit besonderen Rechten aus und benutzte die christliche Religion als Basis gesellschaftlicher Werte.

In Deutschland ist die Verbindung von Kirche und Staat besonders stark ausgeprägt. Der Staat erhebt von den Angehörigen bestimmter Religionsgemeinschaften eine Kirchensteuer. Diese Regelung wurde mit der Weimarer Reichsverfassung im Jahr 1919 eingeführt, im Reichskonkordat – dem

---

[21] Lenin, »Sozialismus und Religion«, Werke, Bd. 10, S. 71

[22] Friedrich Engels, »Ludwig Feuerbach und der Ausgang der klassischen deutschen Philosophie«, Marx/Engels, Werke, Bd. 21, S. 305

Abkommen Hitler-Deutschlands mit dem Vatikan – im Juli 1933 bestätigt und in der BRD bis heute nicht aufgehoben.

Christliche Kirchen und ihre Wohlfahrtsverbände wie die evangelische Diakonie und die katholische Caritas zahlen weder Grund-, Gewerbe- noch Körperschaftsteuer.[23] Das sind jährliche **indirekte Subventionen** an die **Kirchen** und ihre Verbände in Milliardenhöhe.

Zusätzlich leisten die Bundesländer jährliche »positive Staatsleistungen« an die Kirchen, im Jahr 2021 591 Millionen Euro. Dazu gehören vor allem die »Dotationen«, das heißt staatliche Zuwendungen zur Finanzierung kirchlicher Behörden und Amtsträger. Sie summieren sich seit Gründung der Bundesrepublik auf etwa 20 Milliarden Euro.

Die Kirche rechtfertigt diese Subventionen als Ausgleich für die Säkularisierung. Diese hatte in der bürgerlichen Revolution vor über 200 Jahren vollkommen berechtigt zur Übernahme kirchlicher Güter durch den Staat geführt.

»Von der Wiege bis zur Bahre – christliche Talare«

Bis heute ist das gesellschaftliche und auch persönliche Leben im »christlichen Abendland« von religiösen Regeln und Gewohnheiten geprägt: kein wichtiger Lebensabschnitt ohne christliche Rituale wie Taufe, Kommunion/Konfirmation, Hochzeit, Beerdigung; kein Stadtteil ohne Kirche; kein Tag ohne Glockengeläut; kein bürgerlicher Radio- oder Fernsehsender ohne »Wort zum Sonntag«; kaum eine Schule ohne Religionsunterricht; kaum ein Großereignis, das nicht von einem meist ökumenischen Gottesdienst seine höhere Weihe erhält; kaum ein Hospital oder eine Militäreinheit ohne »Seel-

---

[23] §3 Absatz 1 Nr. 4 Grundsteuergesetz; §3 Nr. 6 Gewerbesteuergesetz; §5 Absatz 1 Nr. 9 Körperschaftsteuergesetz

sorger«. Die christlichen Kirchen werden damit in den Rang einer hohen moralischen Instanz erhoben.

In der Präambel des angeblich »ideologiefreien« Grundgesetzes heißt es dementsprechend:

»Im Bewußtsein seiner Verantwortung vor Gott und den Menschen ... hat sich das Deutsche Volk ... dieses Grundgesetz gegeben.«[24]

Das deutsche Volk? In Wirklichkeit verschafften die herrschenden Kreise im westlichen Nachkriegsdeutschland mit dem Grundgesetz den Kirchen ein weitgehendes **»religionsgemeinschaftliches Selbstbestimmungsrecht« mit Verfassungsrang**. Damit haben die Kirchen den Status von »Körperschaften öffentlichen Rechts«: eigene innerkirchliche Gerichtsbarkeit; eigenes Arbeitsrecht mit Einschränkung des Betriebsverfassungsgesetzes und des Streikrechts; selbständige inhaltliche Gestaltung des staatlich finanzierten Religionsunterrichts und der Theologenausbildung; weitgehende staatliche Finanzierung sozialer Einrichtungen bei freier weltanschaulicher Ausgestaltung durch kirchliche Träger.

Die Kirchen haben auch Sitz und Stimme im öffentlich-rechtlichen Rundfunkrat oder in Gesetzgebungsverfahren; sie nehmen systematisch Einfluss auf die öffentliche Meinungsbildung und das Rechtsempfinden in Deutschland.

Als Fortschritt gilt in der christlichen »Wertegesellschaft« nicht etwa die Abschaffung derartiger Privilegien, sondern dass diese auch für andere Religionen gelten.

Sozialisten forderten schon früh die **vollständige Trennung von Staat und Kirche**. Lenin schrieb im Jahr 1905:

»Den Staat soll die Religion nichts angehen ... Es darf keine Zuwendungen an eine Staatskirche, keine Zuwendungen von Staatsmitteln an kirchliche und religiöse Gemeinschaften

---

[24] Grundgesetz für die Bundesrepublik Deutschland, Präambel

geben, die völlig freie, von der Staatsmacht unabhängige Vereinigungen gleichgesinnter Bürger werden müssen. ... Vollständige Trennung der Kirche vom Staat – das ist die Forderung, die das sozialistische Proletariat an den heutigen Staat und die heutige Kirche stellt.«[25]

Religion lebt länger als die Kirchen

Der Glaube an Gott befindet sich in Deutschland auf dem Rückzug. Waren 2005 noch zwei Drittel der Deutschen von der Existenz eines »höheren Wesens« überzeugt, sind es 2019 noch etwa die Hälfte.[26] Nur noch sechs Prozent der in Deutschland lebenden Menschen nennen sich »praktizierende Gläubige«.[27]

Die Verquickung von Staat und Kirche sowie das zähe Festhalten an reaktionärem Gedankengut entfremden den Kirchen immer mehr Menschen. Wesentliche Gründe sind außerdem die Verteufelung des Schwangerschaftsabbruchs oder gleichgeschlechtlicher Beziehungen und erst recht die weltweiten Skandale um hunderttausendfache sexuelle Gewalt im Schoß der Kirchen.

Seit 1990 sanken die Mitgliederzahlen der beiden großen christlichen Kirchen in Deutschland von damals 72,3 Prozent[28] der Bevölkerung auf erstmals unter 50 Prozent im Jahr 2021.

Gleichzeitig stieg der Anteil der Konfessionslosen bis 2022 auf 44 Prozent.[29] Die **christlichen Kirchen** sind in eine **tiefe Krise** gestürzt.

---

[25] Lenin, »Sozialismus und Religion«, Werke, Bd. 10, S. 71/72
[26] Der Spiegel 17/2019
[27] fowid.de 25.8.2023
[28] ebenda, 29.4.2008
[29] ebenda, 25.8.2023

Die wachsende politische Ablehnung der Institution Kirche bedeutet aber noch **keine weltanschauliche Überwindung** religiöser Vorstellungen wie der Existenz eines Gottes, eines höheren Wesens oder des Glaubens an Wunder.

Schon Friedrich Engels hatte den tieferen Grund dafür herausgestellt:

»Wir haben aber mehrfach gesehn, daß in der heutigen bürgerlichen Gesellschaft die Menschen von den von ihnen selbst geschaffnen ökonomischen Verhältnissen, von den von ihnen selbst produzierten Produktionsmitteln wie von einer fremden Macht beherrscht werden. Die tatsächliche Grundlage der religiösen Reflexaktion dauert also fort und mit ihr der religiöse Reflex selbst.«[30]

Perspektivlosigkeit, scheinbare Unerklärlichkeit krisenhafter Verhältnisse, Ohnmachtsgefühle, Vereinsamung oder Zukunftsängste können die Religiosität sogar wieder verstärken.

Die Theologie der Befreiung

Die **Theologie der Befreiung** entstand in den 1960er- und 1970er-Jahren in Lateinamerika in Zusammenhang mit einem Aufschwung weltweiter Befreiungskämpfe gegen Kolonialismus und Imperialismus. Ihre Befürworter stellten sich auf die Seite der Armen, forderten demokratische Rechte und Freiheiten in den Militärdiktaturen Lateinamerikas und wurden dafür zum Teil *»verfolgt, gefoltert und getötet.«*[31] Ihr großer praktischer Idealismus verschaffte den Befreiungstheologen Respekt unter den Unterdrückten und Ausgebeuteten.

Doch der Versuch, Marxismus und Christentum zu versöhnen, war nur eine neue Spielart der Religiosität. **Clodovis**

---

[30] Friedrich Engels, »Anti-Dühring«, Marx/ Engels, Werke, Bd. 20, S. 295
[31] Mareike Lühring, »Befreiungstheologie«, lai.fu-berlin.de 8.3.2023

Boff, ein ehemaliger brasilianischer Befreiungstheologe, bekannte freimütig, dass die Berufung auf Versatzstücke des Marxismus keineswegs gleich Anhängerschaft zum Marxismus bedeutet:

»*Gewiss werden vereinzelt Elemente aus dem Marxismus assimiliert. Wenn dies aber geschieht, dann immer aus der Realität heraus. Was dann herauskommt, ist so stark verändert und abgewandelt, dass man es nicht mehr als Marxismus bezeichnen kann, sondern lediglich als ein **kritisches Verständnis der Wirklichkeit**.*«[32]

In der Tradition der »Theologie der Befreiung« entstanden immer wieder fortschrittliche Deutungen des Christentums. Sie wirkten jedoch systemerhaltend, wenn sie politisch fortschrittliche Gedanken und Bewegungen der Massen wieder zur Kirche und zur Religion zurückführten. Weltanschaulich vertraten sie den illusionären Traum, der Kapitalismus könnte durch humanistische Ideale und Nächstenliebe grundsätzlich gesellschaftlich verändert werden.

Die widersprüchliche Heilslehre des Papstes Franziskus

Der als **Papst Franziskus** bekannt gewordene **Jorge Mario Bergoglio** machte sich in seiner Funktion als Erzbischof von Buenos Aires einen Namen im Einsatz für die Armen. Er öffnete die Kirchentüren für von der Polizei verfolgte Streikende und Demonstranten. Bei seiner Wahl zum Papst 2013 versprach er eine »Kirche für die Armen«, kündigte an, mit Seilschaften und Korruption im Vatikan aufzuräumen.

---

[32] Clodovis Boff, »Die Befreiung der Armen«, zitiert in: Mareike Lühring, »Befreiungstheologie«, lai.fu-berlin.de 8.3.2023

In seiner Enzyklika[33] »Fratelli Tutti – über die Geschwisterlichkeit und soziale Freundschaft« von 2020 attackiert er Armut, Profitstreben, soziale Ungleichheit, Rassismus, Kriege, Menschenhandel, Umweltzerstörung, Unterdrückung der Frau und vieles mehr.

So sozialpolitisch engagiert Papst Franziskus auftritt, so reaktionär bleibt seine Weltanschauung. Er geißelt die gleichgeschlechtliche Ehe, verdammt Schwangerschaftsabbruch und verweigert Frauen den Zugang zum Priesteramt. Er verurteilt zwar die Exzesse, nicht aber das Wesen der bis heute autokratisch-feudalen Grundlage der katholischen Kirche.

Der 2019 von zahlreichen Laien und Würdenträgern der katholischen Kirche in Deutschland vorgeschlagene »Synodale Weg« setzte sich das Ziel, reaktionäre Verkrustungen in der Kirche zu überwinden. Der Vatikan legte sein Veto ein und verhinderte jegliche Demokratisierung.

Als die jahrzehntelangen massenhaften Missbrauchstaten katholischer und evangelischer »Würdenträger« oder anderer kirchlicher Mitarbeiter in verschiedenen Ländern ans Licht kamen, wendeten sich viele Gläubige von ihrer Kirche ab.

Renaissance des religiösen Fundamentalismus und seine Tendenz zum Neofaschismus

Mit der verschärften Krisenhaftigkeit des imperialistischen Weltsystems sowie den sich entwickelnden Kämpfen um Demokratie, Freiheit und Sozialismus wurden fundamentalistische Richtungen in allen Weltreligionen vehement als Waffe gegen jeden gesellschaftlichen Fortschritt eingesetzt. Nicht wenige Spielarten des Christentums sind zur Begründung und Rechtfertigung des heutigen Faschismus degeneriert. Der von Januar 2017 bis Januar 2021 amtierende

---

[33] verbindliche Anweisung des Papstes

faschistische US-Präsident Donald Trump bezeichnet sich gern als »*der Auserwählte*«.[34] Er wird darin von weiten Teilen der **Evangelikalen** unterstützt. Der russische Präsident Wladimir Putin bekam zur Amtseinführung den Segen des **russisch-orthodoxen Patriarchen** für seine faschistische Regierung. Die italienische Präsidentin Georgia Meloni bläst mit ihrer faschistischen Regierung zur Rettung der »*christlichen Prinzipien*«. Die »**Pfingstbewegung**« geht von den USA aus und wird kräftig bezuschusst vom amerikanischen Geheimdienst CIA. Ihre Anhängerschaft ist weltweit von 61 Millionen im Jahr 1970 auf schätzungsweise 694 Millionen 2019 angeschwollen.[35] Ihre Gottesdienste ähneln Shows mit dem Pastor als geradezu besessenem Entertainer. Sie verlangen den wortwörtlichen Glauben an die Bibel, leugnen wissenschaftliche Erkenntnisse wie die Evolutionstheorie, verdammen Homosexualität und Schwangerschaftsabbruch und lehnen außerehelichen Geschlechtsverkehr ab. Nicht zufällig sind Pfingstprediger oft eng verbunden mit reaktionären Regierungen – wie der Brasilianer Silas Malafaia, der als religiöser Wegbereiter des ehemaligen faschistischen Präsidenten Brasiliens, Jair Bolsonaro, gilt.

Ebenfalls ausgehend von den USA verbreiten evangelikale Christen den **Kreationismus**. Danach hat Gott die Welt und die Menschen vor 6000 Jahren in einem aus der Bibel wörtlich abgeleiteten Sechstageakt erschaffen. Sie bekämpfen erbittert die Evolutionstheorie Darwins – mittlerweile auch im scheinwissenschaftlichen Gewand der »Intelligent Design Theory«. Danach seien die Natur und der Mensch so komplex, dass sie nicht »durch Zufall« entstanden sein könnten, sondern es einen übernatürlichen »Gestalter« gegeben haben müsse.

---

[34] Sinje Stadtlich, »Trump, der ›Gesalbte Gottes‹«, deutschlandfunk.de 17.7.2020

[35] researchgate.net Oktober 2018

Islamistische Rechtfertigung faschistisch-feudaler Herrschaftssysteme und neuimperialistischer Ambitionen

Fundamentalistische Strömungen im Islam bieten faschistisch-feudalen Gesellschaftsentwürfen, Systemen und einigen neuimperialistischen Ländern wie dem Iran, Katar oder Saudi-Arabien eine weltanschauliche Legitimation. Die islamistisch-faschistischen Fundamentalisten der Taliban, des Islamischen Staats, der Hamas, der Huthi, der Hisbollah, des Islamischen Dschihad oder von Boko Haram predigen die rigorose Unterwerfung aller Ungläubigen und rechtfertigen damit den faschistischen Terror gegen die Massen. Zum Teil international agierende Organisationen wie Muslim Interaktiv und Hizb ut-Tahrir (Islamische Befreiungsfront) verbreiten reaktionäre Forderungen nach einem Kalifat-Staat und der Einführung der Scharia. Die faschistische Hamas stiftete 2023/24 große Verwirrung bis hinein in revolutionäre Parteien und Organisationen. Sie agiert als verlängerter Arm der neuimperialistischen Länder Türkei, Iran oder Katar und auf der Grundlage einer faschistischen, rassistischen, antikommunistischen, frauenfeindlichen und antisemitischen Grundsatzerklärung, der »Charta« von 1987/88. Dieses Programm behält ausdrücklich seine Gültigkeit, auch nach der Verabschiedung eines neuen Grundsatzpapiers im Jahr 2017. In diesem gibt sich die Hamas den Nimbus einer »Befreiungs- und Widerstandsbewegung« für das palästinensische Volk, bekennt sich zu »Pluralismus, Demokratie, nationaler Partnerschaft, Akzeptanz des Anderen und der Annahme des Dialogs«.[36] Derartige Dokumente kennzeichnen jedoch nur die

---

[36] »Die Charta der Hamas von 1988 und 2017 im Wortlaut – ins Deutsche übersetzt«, kritiknetz.de 2023

Demagogie des modernen Faschismus, die heute weltweit in Erscheinung tritt.

Unter der Flagge des angeblichen Einsatzes für das palästinensische Volk – mit abenteuerlichen Militärschlägen, massenfeindlichen Selbstmordattentaten, faschistischen Massakern und Geiselnahme von Frauen, Kindern und Alten, reaktionär-religiöser Ausrichtung der Gesellschaft – warf die Hamas in Wirklichkeit den palästinensischen Befreiungskampf um Jahre zurück. Das zionistisch-imperialistische Israel nahm deren Massaker vom 7. Oktober 2023 zum Vorwand für eine längst geplante Eskalation ihres jahrzehntelangen Vernichtungsfeldzugs gegen das palästinensische Volk.

Hinduismus und faschistischer Nationalismus

Narendra Modi, der seit 2014 in Indien regiert, begründet sein Regierungsprogramm ausdrücklich mit der **Hindutva-Ideologie**. Er missbraucht die hinduistische Religion als weltanschauliche Basis für die neuimperialistischen und faschistischen Machtbestrebungen seiner Regierung. Immer wieder gibt es gewaltsame Ausschreitungen bis hin zu **pogromartiger Verfolgung von Muslimen, Christen, Sikhs und Kommunisten** durch fundamentalistische Hindu-Nationalisten. Die deutsche Bundesregierung bejubelt das Indien Modis als »größte Demokratie der Welt«. Das ist ein peinlicher Höhepunkt ihrer »wertebasierten Außenpolitik«!

Bürgerliche, kleinbürgerliche und proletarische Religionswissenschaft und -kritik

Im Zuge der Aufklärung entstanden die »**Religionswissenschaften**«, die seit Ende des 19. Jahrhunderts auch an Universitäten forschen. Die Website der Goethe-Universität in Frankfurt wirbt:

»Die Religionswissenschaft ist eine bekenntnisunabhängige Geistes- und Kulturwissenschaft. ... Sie fragt ... nach den Funktionen von Religion in der Gesellschaft, nach Grundmustern religiösen Wandels und ... Interaktionen ... mit anderen Religionen und Weltanschauungen.«[37]

Die Arbeit bürgerlicher Forschungseinrichtungen über Religion hat nie das Niveau einer wirklichen Wissenschaft erreicht. Sie hat aber dazu beigetragen, eine mystische Verklärung der Religionen auf den Boden der Tatsachen zu holen und Respekt unter den Gläubigen verschiedener Religionen zu fördern. So weist sie entgegen dem Mythos vom »Wort Gottes« nach, dass sowohl die Bibel als auch der Koran über Jahrhunderte von Menschenhand verfasste Geschichts- und Geschichtenbücher sind.

Die **Arbeiterbewegung** hat von Anfang an großen Wert darauf gelegt, **atheistische Aufklärung** zu betreiben und das freie Denken zu propagieren. Arbeiterschulen, Bildungsveranstaltungen und Massenorganisationen wie die »Freidenker« entwickelten in großem Umfang Aufklärungs- und Überzeugungsarbeit zur Religionskritik. Engagierte Wissenschaftler machten sich mit kritischen Untersuchungen und Publikationen einen Namen. In Deutschland wurde vor allem **Karlheinz Deschner** mit seiner zehnbändigen, etwa 6 000 Seiten umfassenden »Kriminalgeschichte des Christentums« als einer der führenden Kirchenkritiker bekannt.

Dennoch darf die Wirkung derartiger Religionskritik nicht überschätzt werden. Dazu schrieb Lenin:

»Keine Aufklärungsschrift wird die Religion aus den Massen austreiben ... solange diese Massen nicht selbst gelernt haben werden, diese **Wurzel der Religion, die Herrschaft des**

---

[37] »Religionswissenschaft«, uni-frankfurt.de

Kapitals *in all ihren Formen vereint, organisiert, planmäßig, bewußt zu bekämpfen.«*[38]

Der Marxismus-Leninismus vertritt, dass die allseitige und fundierte Überzeugungsarbeit unverzichtbar ist, um religiöse Vorurteile und Befangenheit zu überwinden.

Lenin erklärte zwar entschieden die Religionsausübung zur Privatsache, warnte gleichzeitig aber vor einer Fehlinterpretation dieser Leitlinie:

»Wir haben unseren Bund, die Sozialdemokratische Arbeiterpartei Rußlands, unter anderem gerade für einen solchen Kampf gegen jede religiöse Verdummung der Arbeiter gegründet. Für uns ist der ideologische Kampf keine Privatsache, sondern eine Angelegenheit der ganzen Partei, des gesamten Proletariats.«[39]

Solidarisches Zusammenleben und Zusammenarbeit, gemeinsamer Kampf der Massen, rege Diskussionen über weltanschauliche Fragen wie die Religion sind zugleich Schule des Aufbaus von Sozialismus und Kommunismus. Eine persönliche Religionsausübung muss erlaubt und religiöse Gefühle müssen respektiert werden. Der Kampf um Befreiung dient aber auch dem Ziel, dass Religionen Schritt für Schritt überflüssig werden. Dann wird die dialektische Religionskritik von Karl Marx Allgemeingut werden:

*»Die Kritik der Religion endet mit der Lehre, daß der **Mensch das höchste Wesen für den Menschen** sei, also mit dem **kategorischen Imperativ**[40], alle Verhältnisse umzuwer-*

---

[38] Lenin, »Über das Verhältnis der Arbeiterpartei zur Religion«, Werke, Bd. 15, S. 408

[39] Lenin, »Sozialismus und Religion«, Werke, Bd. 10, S. 73

[40] moralische Prinzipien, die als allgemeines Gesetz angesehen werden müssen

fen, in denen der Mensch ein erniedrigtes, ein geknechtetes, ein verlassenes, ein verächtliches Wesen ist«.[41]

1.3. Die Anthroposophie – eine halbreligiöse und elitäre Lebensphilosophie

Mit der Herausbildung des Imperialismus seit dem letzten Drittel des 19. Jahrhunderts kamen verstärkt neue Spielarten der bürgerlichen Ideologie auf. Auf dem Gebiet der Philosophie entwickelten sich **religiös-mystische, esoterische Gedankengebilde** zur Erklärung der Welt- und Menschheitsgeschichte.

Vor allem die **Anthroposophie Rudolf Steiners** (1861–1925) erlangte im deutschsprachigen Raum relativ großen Einfluss. Als Schriftsteller hatte er zunächst eine freidenkerische Lebensphase. Seine weltanschauliche Kehrtwende vollzog er 1913 mit der Gründung der »Anthroposophischen Gesellschaft«. Wesentliche Grundlagen der Anthroposophie sind:

- das idealistische Bild einer vom Körper getrennten »Seele«, die immer wieder in anderen Körpern wiedergeboren wird (Reinkarnation);[42]

- eine mystische, mit Elementen der Astrologie vermengte Vorstellung vom Universum, das angeblich durch einen Gott universell beseelt sei;[43]

---

[41] Karl Marx, »Zur Kritik der Hegelschen Rechtsphilosophie«, Marx/Engels, Werke, Bd. 1, S. 385

[42] Rudolf Steiner, »Ursprung und Ziel des Menschen«, Bd. 53, S. 65

[43] André Sebastiani, »Anthroposophie – Eine kurze Kritik«, S. 40/41

- rassistische und antisemitische Vorstellungen von höher- und minderwertigen »Rassen«;[44]
- eine elitäre Überhöhung des Christentums als Religion der »weißen Rasse«;[45]
- die Leugnung der kapitalistischen Klassenwidersprüche; tiefe Feindschaft gegen den Marxismus und den dialektischen und historischen Materialismus;[46]
- das Selbstbild der Anthroposophie als Lehre von Auserwählten mit hellseherischen Fähigkeiten.[47]

In einem Vortrag »Farbe und Menschenrassen« vom 3. März 1923 entwickelt Steiner seine esoterisch-rassistischen Theorien. In irrwitzigen Gedankenspielen über die Anatomie und den Zusammenhang von Licht und Hautfarbe behauptet er eine unterschiedliche Gehirnausprägung verschiedener »Menschenrassen« und begründet biologistisch ihre höhere oder niedrigere Wertigkeit. Derartige biologische Zusammenhänge gibt es jedoch nachgewiesenermaßen nicht!

Aus seiner pseudowissenschaftlichen Hautfarbentheorie, nach der die *»Schwarzen in Afrika ... alles Licht und alle Wärme vom Weltenraum aufsaugen«*[48], leitet Steiner seine These von der *»passiven Negerseele«*[49] mit einem starken *»Triebleben«* ab. Nach der Feststellung, dass *»der Gelbe«* nur ein *»Mittelhirn«*[50] habe und brauche, kommt Steiner zur »Krone der Schöpfung«:

---

[44] ebenda, S. 57–64
[45] ebenda, S. 53–56
[46] ebenda, S. 49–52 und »Materialismus«, anthrowiki.at 16.1.2024
[47] Manuel Gogos, »Dunkle Lichtgestalt«, deutschlandfunk.de 28.3.2015
[48] Rudolf Steiner, Gesamtausgabe, Bd. 349, S. 55
[49] Rudolf Steiner, »Geisteswissenschaftliche Menschenkunde«, S. 297
[50] Rudolf Steiner, Gesamtausgabe, Bd. 349, S. 56/57

»*Die weiße Rasse ist die zukünftige, ist die am Geiste schaffende Rasse.*«[51]

Nur sie habe ein »*Vorderhirn*«, das ihr ein »*Denkleben*« ermögliche, während die anderen beiden »Rassen« zum Aussterben verurteilt seien.[52]

Auf dieser reaktionären, rassistischen Grundlage lieferte Steiner in dem Band »Die geistigen Hintergründe des Ersten Weltkriegs« eine völkische Rechtfertigung des Ersten und vorausschauend gleich des Zweiten Weltkriegs:

»*Man möchte sagen, wie sich ein Kind dagegen sträubt, die Errungenschaften der Alten zu lernen, so sträubt sich der Osten gegen die Errungenschaften des Westens*«.[53]

In dieser These wird die Nähe zur Ideologie der Hitler-Faschisten greifbar. Diese verboten die »Anthroposophische Gesellschaft« 1935 trotzdem, da ihre ausgeprägt kleinbürgerlich-individualistische Pädagogik der faschistischen Propaganda einer mit eiserner Disziplin zusammengeschweißten »Volksgemeinschaft« widersprach.

Heute versuchen Anthroposophen krampfhaft, ihre Weltanschauung und ihr gesellschaftliches Handeln vom Vorwurf des Rassismus, Antisemitismus und der Kooperation mit dem Faschismus zu rehabilitieren. Der Bund der Freien Waldorfschulen rückt in der »Stuttgarter Erklärung« betont vom Rassismus und Antisemitismus Steiners ab:

»*Die Waldorfschulen distanzieren sich von diesen Äußerungen ausdrücklich. ... Weder in der Praxis der Schulen noch in der Lehrer:innenausbildung werden rassistische oder diskriminierende Tendenzen geduldet.*«

---

[51] ebenda, S. 67
[52] ebenda, S. 58–62
[53] Rudolf Steiner, Gesamtausgabe, Bd. 174b, S. 43

Zur Ehrenrettung verharmlosen sie zugleich kritisierte Äußerungen Steiners, diese seien nur vereinzelt *»von einer rassistisch diskriminierenden Haltung der damaligen Zeit mitgeprägt«*.[54]

Dabei sind Steiners Auffassungen über »Menschenrassen«, sein Rassismus und Antisemitismus so himmelschreiend, dass sogar das Bundesfamilienministerium 2007 einen Antrag stellte, seine entsprechenden Schriften als jugendgefährdend auf den Index zu setzen.[55] Obwohl die Bundesprüfstelle für jugendgefährdende Medien ausdrücklich »rassistische Passagen« feststellte, lehnte sie den Antrag dennoch ab.[56]

Die mystisch-idealistische Waldorf-Pädagogik

Die Waldorf-Pädagogik, wie sie in den 255 »Freien Waldorfschulen« (2023) in Deutschland mit immerhin über 90 000 Kindern und Jugendlichen praktiziert wird, beruht auf dem Werk Rudolf Steiners. Gemeinsam ist ihnen die idealistisch-mystische Leitlinie der Selbstentfaltung des Menschen und seiner Seele.

»Zeitgemäß« knüpft die Waldorfpädagogik natürlich nicht nahtlos an den ursprünglichen Konzepten Steiners an. Sie macht sich vor allem einen Namen mit berechtigten Kritiken am Einpauken von Fakten und Wissen, am Drill durch die Notengebung oder an der von Natur und praktischer Arbeit abgehobenen kopflastigen Ausrichtung des bürgerlichen Schulbetriebs. Sie motiviert zum Lernen mit Unterrichts-

---

[54] »Waldorfschulen gegen Rassismus und Diskriminierung«, Stuttgarter Erklärung, waldorfschule.de 20.11.2020

[55] »Rudolf-Steiner-Schriften kommen nicht auf den Index«, deutschlandfunkkultur.de 6.9.2007

[56] »Bücher von Rudolf Steiner nicht auf Index gelandet«, sueddeutsche.de 21.5.2010

fächern wie Gartenbau in Verantwortung für Tiere und Pflanzen.

Dennoch handelt es sich bei der Waldorf-Pädagogik um eine überwiegend weltfremde, pseudowissenschaftliche und teils reaktionäre Beeinflussung des Bewusstseins von Kindern und Jugendlichen.

Entsprechender Unsinn wird den Heranwachsenden als Physikunterricht dargeboten. Steiners Lichttheorie behauptet allen Ernstes,

»daß die Qualität des Lichtes einer Kerze, einer Glühfadenbirne und einer Neonröhre sehr unterschiedlich ist, nämlich darin, daß in der Kerze gute Wesenheiten zu Hause sind, und in der Neonröhre der menschlichen Seele sehr schadende dämonische Geister sich wohlfühlen«.[57]

Statt zu lernen, die objektive Wirklichkeit zu erforschen, entwickeln die Kinder durch derlei abstruse Theorien mystische Vorstellungen und Ängste.

Diese Form einer das Bewusstsein zersetzenden Pädagogik wird vom imperialistischen Staat und von großen Konzernen wie der Software AG oder der GLS-Bank finanziert und gefördert. Fast drei Viertel der Betriebskosten der Waldorf-Schulen werden aus öffentlichen Mitteln finanziert, der Rest durch Spenden und Schulgeld von durchschnittlich etwa 200 Euro im Monat.

Anthroposophische Medizin und Landwirtschaft

Die Anthroposophie ist nicht nur eine Weltanschauung, sondern *»verfügt über weitverzweigte Wirtschaftsbetriebe (Wala, Weleda, Demeter), über eigene Banken, Verlage, Film- und*

---

[57] Charlotte Rudolph, »Waldorf-Erziehung. Wege zur Versteinerung«, S. 49

Fernsehproduktionsstätten, Krankenhäuser, Studienzentren und sogar eine eigene Hochschule (Witten/Herdecke)«.[58]

Es gibt heute in Deutschland circa 1200 anthroposophische Ärzte, acht anthroposophische Krankenhäuser und eine anthroposophische Professur an der Charité in Berlin.

Die anthroposophische Medizin wurde 1920 von Steiner und der Ärztin **Ita Wegmann** begründet. Anthroposophische Medizin verklärt die berechtigte Kritik an der Schulmedizin durch eine idealistisch-metaphysische Ideologie. Wie die Homöopathie geht sie von einer geistähnlichen »Lebenskraft« aus, die nach einer Erkrankung nur wieder ins Gleichgewicht gebracht werden müsse.

Sie beeinflusst vor allem den gesamten Bereich der sogenannten alternativen Medizin, missbraucht die berechtigte Kritik am profitorientierten Gesundheitsbetrieb und das Interesse an Naturheilkunde für die Verbreitung mystischer Verklärung und Wissenschaftsfeindlichkeit.

Unter dem Markennamen **Demeter** werden die Produkte der von Steiner begründeten »biologisch-dynamischen Landwirtschaft« vertrieben. Zweifellos verwirklichen sie hohe Standards ökologischer landwirtschaftlicher Produktion. In der Milchviehhaltung wird strikt Weidehaltung verlangt oder zumindest zeitweise Auslauf und Grünfütterung im Stall.

Doch auch hier werden berechtigte Anliegen verknüpft mit spirituell verbrämter Unwissenschaftlichkeit wie bei der Düngung. Hohle Hörner einer toten Kuh werden mit Kuhmist gefüllt, möglichst bei Vollmond im Herbst eingegraben, im Frühling wieder ausgegraben, mit einem Eimer Wasser vermischt und auf die Felder gebracht. Dadurch soll ein von kosmischen Kräften erschaffener »magischer Dünger« entstehen. Derartig absonderliche Rituale sind per Demeter-Richtlinie

---

[58] Colin Goldner, »Die Psycho-Szene«, S. 103

für alle Bauern verpflichtend, die ihre Produkte unter dem Gütesiegel Demeter vermarkten wollen.

Jahrzehntelang sind Anthroposophen und andere Esoteriker politisch vor allem im Rahmen der Umweltbewegung in Erscheinung getreten. Im Zusammenhang mit der Corona-Krise betraten Anthroposophen in der Bewegung der »Querdenker« und Impfgegner aggressiv das politische Parkett. Sie beteiligten sich maßgebend an der Gründung einer Partei (»dieBasis«) und offenbarten schlagartig den reaktionären Charakter ihrer Weltanschauung der über allem stehenden »individuellen Freiheit«. Dadurch wuchs die Kritik an der Anthroposophie deutlich und sie geriet in eine **Rechtfertigungskrise.**

2. Die Unwissenschaftlichkeit der bürgerlichen Gesellschaftswissenschaften

2.1. Die Fantasterei bürgerlicher Wirtschaftswissenschaften

Die bürgerliche Nationalökonomie entstand in England, dem Ursprungsland der kapitalistischen Produktionsweise. Lenin charakterisierte sie als wichtige Grundlage des Werks von Karl Marx:

*»Adam Smith und David Ricardo, die die ökonomische Struktur untersuchten, legten den Grundstein der **Arbeitswerttheorie**. Marx setzte ihr Werk fort. Er begründete diese Theorie exakt und entwickelte sie folgerichtig. Er zeigte, daß der Wert einer jeden Ware durch die Menge der gesellschaftlich*

notwendigen Arbeitszeit bestimmt wird, die zur Produktion der Ware erforderlich ist.«[59]

Was die bürgerliche Ökonomie an Bedeutendem hervorgebracht hatte, wurde von Karl Marx bewahrt und in seiner **Lehre vom Mehrwert** weiterentwickelt. Das Gesetz der Mehrwertproduktion ist das ökonomische Grundgesetz des Kapitalismus. Es entfaltet sich grenzenlos, bis es *»die Springquellen alles Reichtums untergräbt: die Erde und den Arbeiter.«*[60]

Marx wies nach, dass die menschliche Arbeitskraft im Unterschied etwa zu Energie, Rohstoffen oder Maschinen die einzige Ware ist, die im Produktionsprozess einen **Neuwert** schafft. Dieser geht über den Lohn, den Tauschwert der Ware Arbeitskraft, hinaus. Als »Mehrwert« bezeichnete Marx den Teil des erarbeiteten Neuwerts, den sich die Kapitalisten unentgeltlich aneignen.

Aus der **Aneignung unbezahlter Mehrarbeit** entsteht der wachsende Reichtum der Kapitalisten ebenso wie die wachsende Armut der Arbeiter. Sie ist die Grundlage der **Akkumulation**, das heißt der steten Anhäufung **von Kapital**. Diese **marxistische Kritik der politischen Ökonomie des Kapitalismus** ist heute die einzige Wirtschaftswissenschaft, die diesen Namen verdient.

Karl Marx kritisierte an der **bürgerlichen politischen Ökonomie**, dass sie in der bloßen Rechtfertigung der kapitalistischen Verhältnisse landete:

»Es handelte sich jetzt nicht mehr darum, ob dies oder jenes Theorem wahr sei, sondern ob es dem Kapital nützlich oder schädlich, bequem oder unbequem, ob polizeiwidrig oder nicht.

---

[59] Lenin, »Drei Quellen und drei Bestandteile des Marxismus«, Werke, Bd. 19, S. 6

[60] Karl Marx, »Das Kapital«, Marx/Engels, Werke, Bd. 23, S. 530

An die Stelle uneigennütziger Forschung trat bezahlte Klopffechterei⁶¹«.⁶²

Karl Marx kam zu dem Ergebnis, dass die kapitalistische Produktionsweise revolutionär überwunden werden muss. Seitdem bekämpfen die bürgerlichen Ökonomen erbittert die politische Ökonomie der Arbeiterklasse.

Der deutsche Volkswirt **Hans-Werner Sinn** war 17 Jahre lang Präsident des bekannten bürgerlichen ifo Instituts für Wirtschaftsforschung. Er beurteilt Marx als einen der »*bedeutendsten Makroökonomen der Geschichte*«[63] und schrieb einen Essay »Was uns Marx heute noch zu sagen hat«. Darin kommt er nicht umhin, Marx

»*viele interessante Gedanken*« zuzuschreiben, »*die nachhaltigen Einfluss auf die weitere Forschung und den Erkenntnisprozess der Volkswirtschaftslehre und der anderen Sozialwissenschaften hatten*«. Doch dann trumpft er auf: »*Der Sozialismus hat den Systemwettbewerb mit dem Kapitalismus verloren.*«[64]

Der Zusammenbruch der sozialimperialistischen Sowjetunion 1991 war aber keineswegs das Ende eines »*Systemwettbewerbs*«. Er kennzeichnete in Wahrheit die Niederlage des verkrusteten bürokratischen Staatskapitalismus der Sowjetunion gegen seine privatkapitalistische westliche Spielart. Dieser Staatskapitalismus war aus der Restauration des Kapitalismus mit dem XX. Parteitag der KPdSU 1956 in dem früher sozialistischen Land entstanden.

Solange tatsächlicher »Systemwettbewerb« herrschte, erwiesen sich die sozialistische Wirtschaft der Sowjetunion fast

---

[61] Klopffechterei: unfruchtbare Spitzfindigkeiten

[62] Karl Marx, »Das Kapital«, Marx/Engels, Werke, Bd. 23, S. 21

[63] »Was uns Marx heute noch zu sagen hat«, deutschlandfunk.de 19.3.2017

[64] Hans-Werner Sinn, »Was uns Marx heute noch zu sagen hat«, hanswernersinn.de Juni 2017

40 Jahre und die des sozialistischen Chinas Mao Zedongs 30 Jahre als haushoch überlegen. So wuchs die Industrieproduktion der sozialistischen UdSSR von 1929 bis 1953 um 1 600 Prozent, während sie in den USA nur um 100 Prozent und in Frankreich nur um fünf Prozent anstieg.

Sinn dagegen schreibt den angeblich verlorenen *»Systemwettbewerb«* elementaren *»wissenschaftlichen Fehlleistungen«* von Marx zu. Nicht zufällig stört Sinn besonders Marx' Kritik an der Ausbeutung der Lohnarbeit. Für Sinn ist sie nicht mehr als

»ein recht stümperhafter Versuch, die Fehler seiner Theorie zu heilen, denn schon seine Vorstellung, der Mehrwert ergebe sich dadurch, dass der Arbeitslohn selbst durch die Reproduktionskosten der Arbeit festgelegt wird, ist weder theoretisch noch empirisch haltbar.«[65]

Er bestreitet die objektive Tatsache des Werts der Waren. Für Sinn sind Preise *»grundsätzlich Knappheitspreise«*[66], streng nach dem bürgerlichen Dogma: »Angebot und Nachfrage bestimmen den Markt«.

Wenn dem so wäre, müssten beim derzeitigen Mangel an Facharbeitern in Deutschland deren Löhne in schwindelerregende Höhen steigen. Das ist aber keineswegs der Fall! Umgekehrt sind es die Monopolkapitalisten selbst, die unter Ausnutzung ihrer Monopolstellung mit aller Macht den Preis ihrer Waren über deren Wert hochtreiben.

Der Wert der Ware Arbeitskraft bemisst sich in Wahrheit durchschnittlich an den Kosten, die zur Wiederherstellung der Arbeitskraft in der jeweiligen Gesellschaft notwendig sind.

---

[65] Hans-Werner Sinn, »Was uns Marx heute noch zu sagen hat«, in: Mathias Greffrath (Hrsg.), »RE. Das Kapital. Politische Ökonomie im 21. Jahrhundert«, S. 77

[66] ebenda

Sinn reagiert so empfindlich, weil die kapitalistische Ausbeutung immer mehr ins Zentrum der gesellschaftspolitischen Kritik rückt. Nach allen Regeln der Kunst versuchen die Kapitalisten, den Lohn der Arbeiter auf ein Minimum zu drücken: durch verschärfte Ausbeutung, Verlängerung des Arbeitstags und der Lebensarbeitszeit oder Lohnsenkungen. Während der verheerenden Weltwirtschafts- und Finanzkrise 2008 bis 2014 entstand weltweit auch eine Krise der Neuorganisation der internationalen kapitalistischen Produktion. Seitdem verlegten sich bürgerliche Wirtschaftswissenschaften immer stärker darauf, die Monopole und ihre wechselnden Regierungen bei deren chronisch gewordenem **Krisenmanagement** zu beraten.

Eine besonders zwielichtige Blüte der Unwissenschaftlichkeit ist dabei der »ifo Geschäftsklimaindex«. Dazu werden die Gefühle der Unternehmer abgefragt, diese dann prozentual bis auf die erste Nachkommastelle ausgewertet und schließlich in irrwitziger Manier behauptet, dies wäre ein zuverlässiger Indikator für Prognosen der Wirtschaftsentwicklung.

In Wirklichkeit scheitern diese Prognosen ständig an dem himmelschreienden Subjektivismus bei ihrer Entstehung. Die Denkweise der bürgerlichen Wirtschaftswissenschaftler erweckt den Eindruck, die Wirtschaftskrisen seien Folge vermeidbarer Managementfehler, Fehlentscheidungen der Regierungen oder Folge von Naturereignissen wie der Corona-Pandemie.

Sie bestreiten, dass der krisenhaften Entwicklung der imperialistischen Weltwirtschaft gesetzmäßige Ursachen der kapitalistischen Produktionsweise zugrunde liegen.

Journalisten führen den Massen gern einen »Expertenstreit« über Scheinalternativen vor: Soll der Staat regulierend in die Wirtschaft eingreifen oder ist jegliche staatliche Einmischung zu unterlassen? Aber beide Varianten können die Überproduktions- und Strukturkrisen allenfalls in ihrem Verlauf beeinflussen. Sie veranschaulichen letztlich nur die marxistische Grundauffassung:

»*Wer die kapitalistischen Krisen abschaffen will, darf nicht an ihren Symptomen herumdoktern, sondern muss den Kapitalismus abschaffen und den Sozialismus errichten!*«[67]

Dies gilt erst recht, weil das allein herrschende internationale Finanzkapital längst das gesamte Wirtschaftsgeschehen der Welt beherrscht. Die imperialistischen Regierungen, staatlichen Organe und Verwaltungen sind ausnahmslos Dienstleister der in ihrem Land ansässigen internationalen Übermonopole. Sie kommen ihrer ökonomischen Rolle auf vielfältige Weise nach: durch direkte und indirekte Subventionen, staatliche Investitionen, Senkung der Unternehmenssteuern und Umverteilung des nationalen Einkommens von unten nach oben, umfassende Möglichkeiten zur Abschreibung und anderer Minimierung von Steuerzahlungen, staatliche Kapitalbeteiligungen, Exporthilfen, Investitionsbürgschaften und vieles mehr. Arbeiterfeindliche Gesetze sichern dies politisch ab.

Der gegenwärtig am stärksten wachsende Teil der Produktion ist der **militärisch-industrielle Komplex**. Zerstörungen durch imperialistische Kriege dienen nicht nur militärischen Zielen, sondern auch der Kapitalvernichtung und der profitablen Kapitalanlage zum Beispiel durch sogenannte »Wiederaufbauhilfen«. Der gewaltige Sprung der Rüstungsausgaben und die Militarisierung der Gesellschaft zielen politisch auf die Absicherung dieser Ziele mit militärischen Mitteln.

---

[67] Stefan Engel, »Bürgerliche politische Ökonomie vor dem Scherbenhaufen«, S. 23

Im ausgeklügelten System staatlicher Dienstleistungen sind die bürgerlichen Ökonomen freilich unverzichtbar. Sie arbeiten in angeblich unabhängigen privaten Wirtschaftsinstituten, an Universitäten oder in »Denkfabriken«, produzieren geschwollene Expertisen oder empfehlen ebenso teure wie wirkungslose Techniken des Krisenmanagements.

Die spekulationsgetriebene Inflation 2022/23

2022/23 entstand eine galoppierende Inflation. Massive Geldentwertung bis in den zweistelligen Prozentbereich bewirkte einen Raubzug gegen die Einkünfte der Massen und trieb massenhaft kleine und mittlere Betriebe in den Ruin. Diese Preistreiberei lag in erster Linie an der **extensiven Spekulation** des internationalen Finanzkapitals mit dem Ziel milliardenschwerer Extraprofite.

Bereits ein Jahr nach Ausbruch der Weltwirtschafts- und Finanzkrise 2008 stellte die MLPD fest:

*»Die **gigantische Aufblähung der Spekulation** hat spätestens mit der Neuorganisation der internationalen Produktion eine **dominierende Rolle in der Weltwirtschaft** eingenommen.«*[68]

Je schwieriger die Erzielung von Maximalprofiten unmittelbar aus dem industriellen Produktions- und Reproduktionsprozess wurde, desto stärker verlegten sich die internationalen Übermonopole darauf, mit ihrem überschüssigen Kapital an den internationalen Finanz- und Rohstoffmärkten zu spekulieren.

Güter des elementaren Lebens, dazu gehören Lebensmittel wie Weizen und Reis, Trinkwasser, Gesundheit, Bildung oder

---

[68] ebenda, S. 26

Energie, verteuerten sich gewaltig, weil sie zum Gegenstand der Spekulation geworden waren.

Von der spekulativen Preistreiberei anlässlich des Ukrainekriegs und der von den westlichen imperialistischen Ländern gegen Russland verhängten Sanktionen gegen dessen Gas- und Ölexporte profitierten führende internationale Energiemonopole wie Exxon, BP, Shell und Saudi Aramco. Sie rechtfertigten sich mit der angeblich notwendigen »Energiewende«, wie sie den Abbruch von Öl- und Gaslieferungen aus Russland vornehm umschrieben. Unter dieser Flagge verkauften sie das noch zu Spottpreisen eingekaufte Öl und Gas zu spekulativ hochgetriebenen neuen **Monopolpreisen**.

Die bürgerlichen Wirtschaftswissenschaftler beeilten sich dagegen unterwürfig, die explodierenden Preissteigerungen mit dem imperialistischen Angriffskrieg Russlands auf die Ukraine zu legitimieren. Das zielte politisch darauf ab, die Massen für die Unterstützung der NATO-Politik und der Kriegführung der ukrainischen Regierung zu gewinnen.

Die Verantwortung für die drastisch gestiegenen Lebensmittelpreise liegt bei den weltweit größten Agrar- und Handelsmonopolen sowie den mit Lebensmitteln spekulierenden Kapitalisten. So erhöhten Finanzinvestoren ihren Anteil an Geschäften auf dem Pariser Weizenterminmarkt von 23 Prozent im April 2018 auf 72 Prozent im Mai 2022. Die unter dem Kürzel ABCD bekannten Agrarrohstoffhändler Archer-Daniels-Midland, Bunge, Cargill und Louis Dreyfus Company sowie seit einigen Jahren das chinesische Monopol Cofco und Wilmar International (Singapur) kontrollieren zusammen schätzungsweise 70 bis 90 Prozent des weltweiten Getreidehandels. Auch sie verkauften mit dem heuchlerischen Verweis auf den Ukrainekrieg schon längst geerntetes, billig gekauftes und bereits eingelagertes Getreide zu weit übertuerten

Höchstpreisen. Sie nutzten die Situation schamlos aus, um ihre **Monopolprofite** in die Höhe zu treiben.

So meldete Cargill für das Geschäftsjahr mit Stichtag 31. Mai 2022 einen Anstieg des Umsatzes um 23 Prozent auf einen historischen Höchstwert von 165 Milliarden US-Dollar. Archer-Daniels-Midland erzielte den höchsten Gewinn seiner Geschichte und Louis Dreyfus erreichte einen Gewinnanstieg von mehr als 80 Prozent gegenüber dem Vorjahr.[69] Der Preis für Pariser Mahlweizen stieg in wenigen Wochen zwischen dem 23. Februar 2022 (einen Tag vor dem Überfall Russlands auf die Ukraine) und dem 27. April um 46 Prozent von 287 Euro auf 418 Euro pro Tonne.[70]

Es ist geradezu absurd, dass das Volumen der Geschäfte an den Börsen die tatsächliche Ernte meist um ein Vielfaches übersteigt. Ein und dieselbe Ernte, zum Beispiel von Weizen, wird in einem Jahr an der Börse mehrmals gekauft oder verkauft. Diese **fiktive** Explosion der Nachfrage lässt den **realen** Weizenpreis in die Höhe schnellen und beschert den Spekulanten märchenhafte Profite. Abkassiert wird dann bei den Massen durch überhöhte Mehl- und Brotpreise.

Nach Angaben des Welternährungsprogramms der UNO ist die Zahl der akut von Hunger und Unterernährung Betroffenen sprunghaft gestiegen: von 135 Millionen vor der Covid-19-Pandemie auf 345 Millionen Menschen 2022.

Das Märchen von der Lohn-Preis-Spirale

In den Jahren 2023/24 belebten sich gewerkschaftliche Streiks im öffentlichen Dienst, bei Flughafenpersonal, Eisenbahnern und anderen deutlich. Sogleich tönte ein einmütiger

---

[69] theguardian.com 23.8.2022
[70] thewire.in 6.5.2022

Chor von Experten und Monopolpolitikern, dass diese Streiks »selbstsüchtig motiviert« und die Gewerkschaftsforderungen »völlig überzogen« seien. Sie zeichneten Horrorszenarien einer **Lohn-Preis-Spirale** mit der Drohung, überzogene Lohnforderungen könnten Unternehmen zu hohen Preissteigerungen zwingen.

Diese von Monopolpolitikern und Massenmedien wirksam verbreitete Lüge verfolgte ganz und gar keine edlen Ziele. Sie sollte verhindern, dass die Arbeiterinnen und Arbeiter mit Kämpfen für Lohnerhöhungen oder gar selbständigen Streiks für Lohnnachschlag dem Raubzug der Monopole Widerstand entgegensetzten.

In Wirklichkeit liegt der Lohnanteil am Industrieumsatz heute durchschnittlich etwa bei acht Prozent. Eine zehnprozentige Lohnerhöhung kann also den Erzeugerpreis der Waren nur um 0,8 und nicht um zehn Prozent erhöhen! Das Märchen von der Lohn-Preis-Spirale ist folglich sowohl dumm als auch dreist. Aber es ist ein eingängiges, raffiniertes Manöver, um von den Verantwortlichen und den wirklichen Ursachen inflationärer Preissteigerungen abzulenken.

Der Trick mit dem Verbraucherpreisindex

Im sogenannten **Verbraucherpreisindex** errechnen die Statistischen Ämter des Bundes und der Länder die Entwicklung des **durchschnittlichen Preisniveaus** einer großen Bandbreite von 700 Konsumgüter- und Dienstleistungsarten[71] für Privathaushalte im Verhältnis zum Vorjahresmonat. Für den Monat August 2023 ergab sich ein Anstieg der Verbraucherpreise um 6,1 Prozent. Dabei wurden die Anteile der

---

[71] Diese Auswahl, eingeteilt in zwölf Hauptgruppen mit unterschiedlicher Gewichtung, ist der sogenannte »Warenkorb«.

Ausgaben für Haushaltsenergie mit 4,3 Prozent und für Nahrungsmittel und alkoholfreie Getränke mit rund 12 Prozent an den Gesamtausgaben veranschlagt.

Eine alleinerziehende Verkäuferin mit monatlichem Nettoeinkommen in Höhe von 1335 Euro und einer Zweieinhalb-Zimmerwohnung in der Großstadt zahlte jedoch allein für Haushaltsenergie (Heizung und Strom) 2023 statt 57 Euro eher 120 Euro. Das sind also nicht nur 4,3 Prozent, sondern neun Prozent ihres Einkommens. Und sie gab für Lebensmittel nicht nur 160 Euro, sondern eher 340 Euro aus, also nicht 12 Prozent, sondern mindestens 25 Prozent ihres Einkommens. Da der Anstieg der Verbraucherpreise für Haushaltsenergie mit 11,4 Prozent und für Lebensmittel mit 9,1 Prozent überdurchschnittlich hoch war,[72] sind die durchschnittliche Inflationsrate und der Reallohnverlust für die Verkäuferin erheblich höher.

Je niedriger das Einkommen, desto höher der Reallohn- und Einkommensverlust! Die Methode der Durchschnittspreisentwicklung verharmlost also einschneidend **das tatsächliche Ausmaß** des absoluten Einkommensverlusts der Massen durch die Inflation. Allerdings kann das Finanzkapital seine Maximalprofite nicht beliebig steigern. Bereits 1974 schrieb Willi Dickhut:

»Die Monopolkapitalisten können ihre Preise und Profite nicht unbeschränkt erhöhen. Die Schranke der Preistreiberei ist die Zahlungskraft der Gesellschaft, die Schranke seiner Raubgier ist die in der Gesellschaft vorhandene Masse der Raubbeute.«[73]

Die Vorstellung der bürgerlichen Wirtschaftswissenschaften, das mit den Existenzgrundlagen der Menschheit speku-

---

[72] destatis.de 8.9.2023

[73] Willi Dickhut, »Wirtschaftsentwicklung und Klassenkampf«, II. Teil, S. 15

lierende Profitsystem sei eine natürliche und ewige Ordnung, ist **reine Fantasterei**! Von der bürgerlichen politischen Ökonomie bleibt nicht viel mehr als immer neue **Theorien zur Rechtfertigung der krisenbehafteten kapitalistischen Produktionsweise, die historisch längst überholt ist**.

2.2. Das Dilemma der bürgerlichen Agrarwissenschaften

Mit dem Siegeszug des Kapitalismus wuchs die Bevölkerung schnell, vor allem in den Städten. Das erforderte eine sprunghafte Steigerung der landwirtschaftlichen Produktivität. Dazu mussten die Landwirte wesentlich über den Eigenbedarf hinaus für den Austausch auf Märkten produzieren.

Aus dieser gesellschaftlichen Notwendigkeit erwuchsen **Ansätze einer Agrarwissenschaft**. Das geschah im engen Zusammenhang mit der Herausbildung der modernen Naturwissenschaften. Der Chemiker **Justus von Liebig** (1803–1873) entdeckte die Bedeutung der Mineralstoffe für das Wachstum der Pflanzen und ermöglichte den Durchbruch zu zielgerichteter Mineraldüngung. Er entwickelte Erkenntnisse im Geist seiner Leitlinie, »*daß der Boden in vollem Maße wieder erhalten muß, was ihm genommen wird*«.[74]

Die zielstrebige Anwendung der jungen Agrarlehre steigerte die landwirtschaftlichen Erträge, sowohl durch Düngung als auch durch Züchtung ertragreicherer Sorten oder mit verbesserter Agrartechnik und Pflanzenschutz. Sprunghafte Ertragssteigerungen setzten erst nach dem Zweiten Weltkrieg ein. Die Erhöhung der Arbeitsproduktivität gelang durch Mechanisierung, Industrialisierung und Digitalisierung der

---

[74] Justus von Liebig, »Die organische Chemie in ihrer Anwendung auf Agricultur und Physiologie«, S. 167

Landwirtschaft. 2019 ernährte ein Landwirt schon 137 Personen gegenüber etwa vier Personen im Jahr 1900![75]

Hinter dieser Entwicklung verbirgt sich eine **ungeheure Konzentration und Zentralisation** der kapitalistischen Landwirtschaft – um den Preis der Ruinierung Hunderttausender Klein- und Mittelbauern. Von 1,79 Millionen landwirtschaftlichen Betrieben 1949 in der BRD blieben im Jahr 2020 in Gesamtdeutschland – trotz der Wiedervereinigung – nur noch 262 800 übrig.

In der manipulierten öffentlichen Meinung wird statt der Klassenfrage der Streit zwischen konventionellem und ökologischem Landbau als Hauptkontroverse in den Vordergrund gerückt. Die ansonsten sehr informativen Materialien für schulische und außerschulische Bildungsarbeit der Agrar Koordination qualifizieren allgemein:

»Heutzutage wird in der Landwirtschaft unterschieden zwischen ökologischen Anbauverfahren und konventionellen Anbauverfahren.«[76]

Im Folgenden wird der konventionellen Landwirtschaft die Nutzung der *»neuen technischen Möglichkeiten in der Landwirtschaft«* und die Ausrichtung auf die *»steigenden landwirtschaftlichen Erträge«* bescheinigt, während in der ökologischen Variante *»Landwirtschaft im Einklang mit der Natur betrieben werden sollte.«*[77]

In Wahrheit sind es die Monopole, die weltweit rücksichtslosen Raubbau an Mensch und Natur betreiben. Dagegen beweisen gerade die kleinen und mittleren Bauern beider Richtungen zumeist eine tief empfundene Verbundenheit mit

---

[75] Deutscher Bauernverband, Situationsbericht 2021/2022, S. 18

[76] »Ökologische und konventionelle Landwirtschaft im Vergleich«, agrarkoordination.de Oktober 2017

[77] ebenda

der Pflanzen- und Tierwelt und über Jahrhunderte entstandenes ökologisches Know-how.

Der irreführende Sprachgebrauch, dass es **die** Landwirte oder **die** Landwirtschaft gäbe, vertuscht, dass längst Monopole die Landwirtschaft beherrschen. Sie sacken den Großteil der Wertschöpfung in der Landwirtschaft als überhöhte Monopolprofite ein, während für die Masse der Klein- und Mittelbauern der Kampf gegen den Ruin durch systematisches Drücken der Erzeugerpreise zum harten Alltag geworden ist.

Im Jahr 2022 stellten Großagrarier mit 38 730 Betrieben knapp 15 Prozent aller Betriebe. Sie bewirtschafteten 59,6 Prozent aller Flächen[78] gegenüber 46,4 Prozent im Jahr 2000. Inzwischen bebauen neben Großbauern und Großagrariern, die über mehr als 100 Hektar Boden verfügen, die Agrarmonopole selbst immer größere Anteile der landwirtschaftlichen Flächen.

Nicht selten bilden sich auf Basis der Privatisierung früherer Landwirtschaftlicher Produktionsgenossenschaften (LPG) der ehemaligen DDR Agrarholdings aus internationalen Konzernen oder Investoren. Sie kaufen oder pachten Ländereien und diktieren die landwirtschaftliche Produktion. 2020 gab es in ganz Deutschland 2 200 derartige Unternehmensgruppen mit 3 741 landwirtschaftlichen Betrieben. In Ostdeutschland kontrollieren sie bereits 31 Prozent der vorhandenen Flächen.[79]

Nur wenige Monopole beherrschen inzwischen den Weltmarkt für Nahrungsmittel. Fünf Chemiemonopole (Bayer AG und BASF/Deutschland, Sinochem Holdings/China, Dow und Dupont/USA) dominieren den Pestizidmarkt. Vier Industriemonopole kontrollieren den Weltmarkt für Landmaschinen. Der **Anteil der** landwirtschaftlichen **Lohnarbeiter** an der

---

[78] destatis.de 22. 11. 2022
[79] Deutscher Bauernverband, Situationsbericht 2021/2022, S. 84

Gesamtzahl der Arbeitskräfte in der Landwirtschaft stieg gleichzeitig von 48,5 Prozent im Jahr 2010 auf 53,5 Prozent 2020 an.[80]

Die Zunahme der Lohnarbeit in der Landwirtschaft findet vor allem in Groß- und Monopolbetrieben statt. Die bäuerlichen Klein- und Mittelbetriebe können sich nach wie vor meist nur über Wasser halten, wenn sie überwiegend auf unentgeltlicher, harter Arbeit von Familienmitgliedern beruhen.

Große Landmaschinen, neue Ställe und Melkroboter in Verbindung mit mikroelektronischer Steuerung sowie hohe Pachtpreise für Ackerland verschlingen Hunderttausende Euro. Das zwingt Klein- und Mittelbauern, sich bei Banken hoch zu verschulden. Können sie die Kredite zum Beispiel durch das Absenken der Erzeugerpreise nicht mehr abzahlen, erzwingen die Banken den Verkauf von Vieh oder Ackerland oder gleich die Aufgabe des ganzen Betriebs. Die Monopolisierung der Agrarwirtschaft forciert den Prozess der Klassenscheidung zwischen Arbeitern und Monopolen und beschleunigt die Vernichtung der bäuerlichen Landwirtschaft zugunsten der Monopole.

Die monopolistische Agrarindustrie befeuert die globale Umweltkatastrophe

Die bürgerliche Agrarwirtschaftswissenschaft vertuscht nicht nur die Klassengegensätze in der Landwirtschaft, sondern verschleiert auch den Anteil der Agrarwirtschaft an den Ursachen der globalen Umweltkatastrophe. So wischt **Michael Schmitz** sämtliche negativen Auswirkungen der kapitalistischen Landwirtschaft unter den Tisch. Die strenge Gesetzeslage bewirke seiner Meinung nach, *»dass heute von*

---

[80] destatis.de 14. 1. 2021

einer ordnungsgemäßen Landwirtschaft kaum Gefahren für Mensch, Tier, Pflanze und Ökosysteme ausgehen.«[81]

Was soll *»ordnungsgemäß«* sein, wenn unter dem Diktat des Maximalprofits bereits 2017 in den USA 55 Prozent der Kühe in Ställen mit mehr als 1 000 Tieren standen? Wenn sie deshalb Unmengen von Methan ausstoßen, ohne dass es etwa durch Weidehaltung kompensiert würde? Was soll *»ordnungsgemäß«* sein, wenn in China der Trend zur Schweinezucht in Hochhäusern mit Hunderttausenden Tieren geht? Kein Wort verliert der Professor über die Nitratbelastung des Trinkwassers, den Einsatz umwelt- und gesundheitsgefährdender Pestizide, den tendenziellen Abbau von Humus aufgrund des Artensterbens von Mikroorganismen, die quälerische Massentierhaltung mit übermäßiger Verwendung von Antibiotika oder die Vernichtung von Wäldern zum Anbau von Soja als Futtermittel.

Wesentliche Faktoren des Beitrags der Landwirtschaft zur Klimakatastrophe sind der hohe Einsatz zumeist fossiler Energie bei der Produktion von Stickstoffdünger und die Entstehung von gesundheitsschädlichem Lachgas. Der mineralische Stickstoffdünger könnte jedoch zu einem hohen Anteil auch durch biologische Stickstoffbindung über Leguminosen[82] ersetzt werden und dann Energie sparen. Die Knöllchenbakterien an den Wurzeln der Leguminosen gehören zu den wenigen Organismen, die in der Lage sind, biologisch Luftstickstoff zu binden. Dass Leguminosen nicht eingesetzt werden, hat einen einzigen Grund: Dieses ökologische Verfahren ist für die Maximalprofit bringende Chemieindustrie weniger lukrativ.

---

[81] Michael Schmitz, langjähriges Mitglied im Wissenschaftlichen Beirat beim Bundesministerium für Landwirtschaft, »Bedeutung des AgriFoodBusiness am Standort Deutschland«, Agribusiness-Forschung Nr. 24, S. 37

[82] Hülsenfrüchtler (Erbsen, Kichererbsen, Bohnen, Linsen ...)

Vor allem der Zusammenhang zwischen der unter dem Diktat der Monopole auf Maximalprofit ausgerichteten Landwirtschaft und den gravierenden globalen Zerstörungen der natürlichen Umwelt wird in der bürgerlichen Agrarwirtschaftswissenschaft ausgeklammert oder beschönigt.

Eine tatsächlich »ordnungsgemäße« Landwirtschaft in Einheit von Mensch und Natur wird erst in einer sozialistisch-ökologischen Planwirtschaft möglich sein.

Die Regierungen ebenso wie die EU gestalten die Umweltschutzauflagen für die kleinen und mittleren Bauern so, dass sie diese in den Ruin treiben. Fälschlich wird ihr Protest dagegen dann pauschal als Widerstand gegen Umweltschutz dargestellt oder von Faschisten in diese Richtung getrieben.

Für eine realistische Betrachtung der landwirtschaftlichen Entwicklung muss der Blick auf Kapitalismuskritik und den hauptsächlichen Widerspruch zwischen kleinen und mittleren Bauern einerseits und Großagrariern und Monopolen andererseits gelenkt werden.

Bioprodukte im Fokus der Monopole

Verbraucherinnen und Verbraucher in Deutschland zeigen inzwischen großes Interesse an Bioprodukten. Deshalb haben monopolistische Landwirtschaft und Handelskonzerne längst Produktion und Vertrieb von Bioprodukten in ihr Repertoire aufgenommen und sich an die Spitze dieses lukrativen Marktes gesetzt. Das belegt auch die Aussage des Landwirtschaftsministers **Cem Özdemir** (»Die Grünen«), dass *»der größte Biohändler ALDI und der größte Bio-Schlachter die Firma Tönnies ist.«*[83] So unterliegt auch die Bioproduktion den

---

[83] Tina Waldeck, »Nach Kirchen-Skandal – Cem Özdemir entschuldigt sich bei TV-Moderator«, fr.de 9. 2. 2022

Machenschaften der großen Handelskonzerne, ihrem Diktat der Preise und oftmals auch dem Etikettenschwindel.

Die ökologische Landwirtschaft hat in den Bereichen Tierhaltung, Züchtung, biologische Schädlingsbekämpfung oder auch organische Düngung viel geleistet. Zu würdigen ist vor allem auch, dass sie Bewusstseinsbildung betrieben und eine kritische Diskussion über die Qualität von Nahrungsmitteln und ihre Herstellung vorangebracht hat. Weltanschaulich enthält sie durchaus Elemente eines ganzheitlichen Weltbilds und darauf aufbauend Gedanken der Kreislaufwirtschaft.

Gleichzeitig werden mit diesen Errungenschaften eine Menge Illusionen transportiert. Alle Verbände des ökologischen Anbaus geben als Ziel an, möglichst autark zu sein.

»Die Ökologische Landwirtschaft folgt dem Organisationsprinzip eines weitgehend in sich geschlossenen Betriebsorganismus«.[84]

Zweifellos ist es sinnvoll, wenn organischer Dünger aus der Tierhaltung sowie Abfälle aus dem eigenen Betrieb zur Herstellung von Kompost genutzt werden. Im Zeitalter der internationalisierten Produktion und der eingetretenen globalen Umweltkatastrophe ist ein wirklich *»geschlossener Betriebsorganismus«* jedoch Illusion.

Oft ist auch die Vorstellung einer naturverbundenen Landwirtschaft mit Kleinbetrieben und Genossenschaften verbunden. Lenin hob Fortschritt und Grenzen der Genossenschaften von Bauern bereits Anfang des 20. Jahrhunderts hervor. Damals war Russland noch stark feudal geprägt.

»Die Genossenschaften der kleinen Landwirte sind natürlich ein Glied des ökonomischen Fortschritts, doch bringen

---

[84] »Was ist Ökologische Landwirtschaft?«, boelw.de 1. 10. 2012

sie den **Fortschritt zum Kapitalismus, nicht aber zum Kollektivismus**, wie man vielfach meint und behauptet, zum Ausdruck.«[85]

Die Devise kann deshalb nicht heißen, zurück zu Kleinbetrieben, sondern vorwärts zu sozialistischen Verhältnissen durch Überwindung der monopolkapitalistischen Warenproduktion. Der freiwillige Zusammenschluss von Klein- und Mittelbauern im Sozialismus zu einer kollektiven und industriell organisierten Produktion im Einklang mit der Natur ermöglicht ihnen eine Zukunft und Perspektive. Die Leitlinien einer sozialistischen Landwirtschaft beruhen auf der Einheit von proletarischer Ökologie und Ökonomie: grundlegende Einheit von Mensch und Natur, Überwindung der Trennung von Stadt und Land, gesamtgesellschaftlicher Paradigmenwechsel zur Kreislaufwirtschaft, möglichst weitgehende Wiederherstellung und Erhalt der Biodiversität und der Artenvielfalt, weitgehender Verzicht auf synthetische Pestizide, Aufbau und Erhalt des Humus in den Böden, abgestimmte organische und mineralische Düngung, Tierhaltung auf höchstem Standard fürs Wohl der Tiere, Reduzierung eines überhöhten Fleischkonsums und Produktion hochwertiger gesunder Nahrungsmittel für alle Menschen.

Die **ökologisch-industrielle Landwirtschaft im Sozialismus** überwindet zum einen die Beschränktheit des landwirtschaftlichen Kleinbetriebs und unterbindet zum anderen die ökologisch schädlichen Formen der Massentierhaltung und der Produktion tierischer Erzeugnisse. Sie baut schöpferisch auf den regionalen, differenzierten und in langer Tradition erworbenen Kenntnissen und Produktionsmethoden auf. Sie entwickelt diese Methoden stets höher mit Hilfe der modernen Produktivkräfte und der Wissenschaft im Sinn einer gesunden

---

[85] Lenin, »Der Kapitalismus in der Landwirtschaft«, Werke, Bd. 4, S. 111

Ernährung der Weltbevölkerung und einer Minderung der Schäden der globalen Umweltkatastrophe.

2.3. Die bürgerliche Geschichtsschreibung degeneriert zur Revision historischer Tatsachen

Geschichtsschreibung entstand im Prozess der Bewusstwerdung der Menschen über ihr gemeinschaftlich organisiertes Leben und Arbeiten. Die bewusste Dokumentation der gesellschaftlichen Verhältnisse und Ereignisse begannen Historiker erst in den Klassengesellschaften vor etwa 5 000 Jahren.

Die vorherrschende Geschichtsschreibung spiegelt die Machtverhältnisse in den jeweiligen Gesellschaftsordnungen wider.

Die **Methode** der bürgerlichen Geschichtsschreibung lässt sich vom Positivismus leiten, der allein schon Faktenfülle als Objektivität ausgibt. Lenin polemisiert gegen diese Methode, die *»im besten Falle eine Anhäufung von fragmentarisch gesammelten unverarbeiteten Tatsachen und die Schilderung einzelner Seiten des historischen Prozesses«*[86] beinhaltet.

Im Kampf um die Deutung der Geschichte spiegeln sich auch die Klassenwidersprüche der jeweiligen Gesellschaften wider. So gibt es seit jeher neben der herrschenden Geschichtsschreibung auch eine **Geschichtsschreibung der unterdrückten Klassen**. Deren Aufgabe beschreibt Lenin:

»Die Wahrung der Traditionen der Revolution, die Fähigkeit, sie auszunutzen für eine ständige Propaganda und Agitation, für die Aufklärung der Massen über die Bedingungen des

---

[86] Lenin, »Karl Marx«, Werke, Bd. 21, S. 45

unmittelbaren und offensiven Kampfes gegen die alte Gesellschaft«.[87]

Zur Wahrung und Fortsetzung der revolutionären Traditionen gehört auch, sie nicht schematisch auf die neu entstandenen Verhältnisse zu übertragen, sondern sie dialektisch zu negieren.

»Derselbe Marx, der die revolutionären Traditionen so hoch schätzte ... forderte zugleich von den Revolutionären die Fähigkeit zu **denken**, die Fähigkeit, die Bedingungen der Anwendbarkeit der alten Kampfmethoden zu **analysieren** und nicht einfach bekannte Losungen zu wiederholen.«[88]

Revolutionäre Geschichtsschreibung muss sich also frei machen von jeder Art von Dogmatismus, Schematismus, aber auch von opportunistischer Anpassung an die herrschende Geschichtsschreibung.

Bürgerliche und proletarische Geschichtsschreibung

Zur Zeit ihrer Entstehung hatte die bürgerliche Geschichtsschreibung einen fortschrittlichen Charakter. Bürgerliche literarische Klassiker wie Lessing, Herder, Goethe und Schiller verbreiteten aufklärerische Ideale.

Seit der bürgerlichen Revolution von 1848 verfolgte die deutsche Bourgeoisie die Angst vor der erstarkenden Arbeiterklasse. So übernahm die bürgerliche Geschichtsbetrachtung die Verewigung des Kapitalismus und den Abwehrkampf gegen den wissenschaftlichen Sozialismus als entscheidende Aufgabe.

Lenin charakterisiert diese reaktionäre Funktion der bürgerlichen Geschichtsschreibung:

---

[87] Lenin, »Gegen den Boykott«, Werke, Bd. 13, S. 27
[88] ebenda

»Aufgabe der Reaktion ist es, dafür zu sorgen, daß die Bevölkerung jene Formen des Kampfes, jene Formen der Organisation, jene Ideen, jene Losungen vergißt, die die revolutionäre Epoche in solcher Fülle und Mannigfaltigkeit geboren hat ... (sie) als etwas Niedriges, Elementares, Naives, Spontanes, Wahnwitziges usw. – ja sogar Verbrecherisches – hinzustellen«.[89]

Der bürgerliche Kulturhistoriker **Jacob Burckhardt** (1818 – 1897) widersprach ausdrücklich der Weltanschauung der *»Sozialisten mit ihren Geschichten des Volkes«*:

*»**Unser** Ausgangspunkt ist der vom einzigen bleibenden und für uns möglichen Zentrum, vom duldenden, strebenden und handelnden Menschen, wie er ist und immer war und sein wird«.*[90]

Die Weltsicht *»vom duldenden, strebenden und handelnden Menschen«* war die klägliche Antwort auf die Entwicklung der **dialektisch-historischen Geschichtsbetrachtung.**

Akteur der **proletarischen Geschichtsschreibung** sind die unterdrückten Klassen und ihr Kampf gegen die herrschenden Verhältnisse in den unterschiedlichen historischen Epochen. Akteure der bürgerlichen Geschichtsschreibung sind dagegen die »großen Männer, die die Geschichte machen«!

Dabei leugnet die dialektisch-materialistische Geschichtsbetrachtung keineswegs die Rolle der Persönlichkeiten. Der Arbeitertheoretiker Willi Dickhut hob das dialektische Verhältnis von geschichtlichen Triebkräften und Persönlichkeiten hervor:

»Bei aller Beachtung der Rolle der Persönlichkeit muß festgestellt werden, daß nicht ›große Männer‹ die Geschichte machen, sondern umgekehrt, die Geschichte produziert große Persönlichkeiten.«[91]

---

[89] ebenda, S. 25
[90] Jacob Burckhardt, »Weltgeschichtliche Betrachtungen«, S. 12
[91] Willi Dickhut, »Die dialektische Methode in der Arbeiterbewegung«, S. 38/39

Während der bürgerlichen Geschichtswissenschaft irreführend Überparteilichkeit, politische Neutralität und »Ideologiefreiheit« attestiert wird, wirft sie der proletarischen Geschichtswissenschaft ihre Parteilichkeit für die Ausgebeuteten und Unterdrückten vor. Wir werden diesem Vorwurf nicht widersprechen!

Während die bürgerliche Geschichtsschreibung Gesetzmäßigkeiten leugnet, arbeitet die proletarische Geschichtswissenschaft mit der dialektisch-materialistischen Methode Gesetzmäßigkeiten der Geschichte der menschlichen Gesellschaften heraus. Sie erklärt offen ihr **Ziel**, aus der Geschichte zu lernen – für die Befreiung der Menschheit von Ausbeutung und Unterdrückung und für die Verwirklichung der Einheit von Mensch und Natur.

Die Dolchstoßlegende und der Faschismus

1917 stürzte die Oktoberrevolution den Imperialismus in seine Allgemeine Krise. Die revolutionäre Tat der russischen Arbeiter, Bauern und Soldaten ebenso wie die der roten Matrosen der deutschen Hochseeflotte 1918 brachte dem russischen und dem deutschen Imperialismus eine schwere Niederlage bei und beendete den Ersten Weltkrieg.

Das schürte bei den Herrschenden Rachegedanken und die wütende Bereitschaft zur Konterrevolution. Das Gros der deutschen Historiker folgte der von nationalistischen Militärführern konstruierten *»Dolchstoßlegende«*: Das »im Feld« angeblich unbesiegte deutsche Heer wäre von den Sozialisten in der Heimat heimtückisch von hinten erdolcht worden, die Novemberrevolution 1918 wäre »Vaterlandsverrat« gewesen. Nachdem Hitler 1933 die Regierung übertragen worden und dann die nationalsozialistische Herrschaft gesichert war, folgten die meisten deutschen Historiker entsprechend dem faschistischen Motto *»Führer befiehl, wir folgen«* den Leitlinien der faschistischen Geschichtsschreibung: Die überlegene arische Rasse müsse einen tödlichen Schlag gegen den Weltbolschewismus führen. Bekanntlich scheiterte dieses Vorhaben gründlich, hinterließ aber im von Hitler-Deutschland entfesselten Zweiten Weltkrieg eine grauenvolle Blutspur von 75 Millionen Toten.

Die Geschichtswissenschaft im Nachkriegsdeutschland

Die antifaschistisch-demokratische DDR betrieb anfangs eine konsequente Aufarbeitung des Hitler-Faschismus, führte praktisch-politisch die Entnazifizierung durch und leistete allgemein eine dialektisch-materialistische Geschichtsschreibung.

Anders in der Bundesrepublik Deutschland. Dort herrschte eine beschämende weltanschauliche Beharrlichkeit. Faschistische Historiker gewannen nach dem Zweiten Weltkrieg schnell wieder Einfluss und wurden gar zu Mitbegründern der Geschichtswissenschaft. So der Faschist **Theodor Schieder**, der bereits 1948 wieder zum Professor ernannt und von 1967 bis 1972 Vorsitzender des Verbands deutscher Historiker wurde. Er verfasste vor dem Krieg eine Denkschrift über die Neuordnung Polens, in der er

»*Deportationen für über 100 000 Polen vorschlug und auch die ›Entjudung‹ Westpolens forderte.*«[92]

So wird allein in der Person von Theodor Schieder die **antikommunistische Kontinuität** der bürgerlichen Geschichtswissenschaft bis in die bundesdeutsche Nachkriegsgeschichte klar ersichtlich.

Die Jugendrevolte der 1960er-Jahre entwickelte daraus eine massenhafte Bewegung demokratischer Kritik. In Wech-

---

[92] Christian Hauck, »Situation und Auftrag der Geschichtswissenschaften im ›Dritten Reich‹«, grin.com 2007

selwirkung mit den neu entstehenden Arbeiterkämpfen in den Septemberstreiks 1969 erwachte in der BRD eine starke demokratische, antifaschistische Bewegung. Sie wurde inspiriert vom erfolgreichen Volkskrieg in Indochina gegen den US-Imperialismus und der Proletarischen Kulturrevolution im sozialistischen China unter der Führung Mao Zedongs.

So bildete sich auch in Westdeutschland eine **Geschichtsschreibung mit demokratischem Anspruch** heraus, die auch den Sozialismus und das revolutionäre Erbe der deutschen Geschichte aufnahm.

Bürgerliche Geschichtsschreibung mit demokratischem Anspruch

Hans Mommsen, jüngster Spross der berühmten deutschen Historiker-Dynastie[93] und Mitglied der SPD, kritisierte die mangelhafte Erforschung und Würdigung der Geschichte der Arbeiterbewegung:

»Die Geschichte der Arbeiterbewegung war bis in die unmittelbare Nachkriegszeit hinein ein Stiefkind der historischen Disziplinen«.[94]

Doch mit der erstmaligen SPD-Regierung machte sich Mommsen seit 1974 zum Propagandisten der reformistischen Politik der Klassenzusammenarbeit. Die entscheidende Lehre aus dem Hitler-Faschismus sei,

»daß eine dauernde Stabilisierung des demokratisch-freiheitlichen Gemeinwesens in Deutschland ... die Überwindung

---

[93] Hans Mommsen (1930–2015); Inhaber des Lehrstuhls für Neuere Geschichte an der Ruhr-Universität Bochum von 1968 bis zu seiner Emeritierung 1996, Direktor des von ihm mitgegründeten Instituts zur Geschichte der Arbeiterbewegung von 1977 bis 1985

[94] Hans Mommsen (Hrsg.), »Sozialdemokratie zwischen Klassenbewegung und Volkspartei«, S. 7

jener zugespitzten Polarisierung zwischen Arbeiterschaft und ›bürgerlicher Gesellschaft‹ voraussetzt«.[95]

Die »*zugespitzte Polarisierung*«, sprich: der Klassenkampf der Arbeiterklasse, ist jedoch keineswegs eine böswillige oder gar demokratiefeindliche Erfindung der Kommunisten, sondern objektive Realität und Motor des gesellschaftlichen Fortschritts.

Der »Historikerstreit« und der Einzug des modernen Antikommunismus in die Geschichtsschreibung

Der Professor für Neuere Geschichte **Ernst Nolte** veröffentlichte am 6. Juni 1986 einen demagogischen Artikel über die angeblichen Ursachen der Verbrechen des Hitler-Faschismus:

»*War nicht der ›Archipel GULag‹ ursprünglicher als Auschwitz? War nicht der ›Klassenmord‹ der Bolschewiki das logische und faktische Prius*[96] *des ›Rassenmords‹ der Nationalsozialisten?*«[97]

Das ist eine geradezu atemberaubende Geschichtslüge! Nolte verleumdet Stalin als Ideengeber des Holocausts. Die heldenhafte Verteidigung der Oktoberrevolution gegen Konterrevolution und imperialistische Intervention von 14 Staaten und den weißen Terror von 1918 bis 1920 erklärt er zur Wurzel der Verbrechen des Hitler-Faschismus.

Berechtigt entbrannte ein Sturm der Entrüstung über dieses antikommunistische Machwerk. Der Soziologe **Jürgen Habermas** antwortete 1986 mit einer Polemik gegen Nolte:

»*Die Nazi-Verbrechen verlieren ihre Singularität*[98] *dadurch, daß sie als Antwort auf (heute fortdauernde) bolschewistische*

---

[95] ebenda, S. 10/11

[96] in der Philosophie: das Vorausgehende

[97] Ernst Nolte, »Vergangenheit, die nicht vergehen will«, Frankfurter Allgemeine Zeitung, 6. 6. 1986

[98] Einzigartigkeit

Vernichtungsdrohungen mindestens verständlich gemacht werden. Auschwitz schrumpft auf das Format einer technischen Innovation und erklärt sich aus der ›asiatischen‹ Bedrohung durch einen Feind, der immer noch vor unseren Toren steht.«[99]

Habermas' »*rigorose Ablehnung*«[100] der Relativierung des Holocaust und der Verbrechen des Hitler-Faschismus war höchst angebracht. Mit keinem Wort jedoch attackierte Habermas die üble Verleumdung der sozialistischen Sowjetunion.

Derartige antikommunistische Einflüsse untergruben Habermas' zunächst richtige antifaschistische Anliegen. Neben dem offen reaktionären wurde fortan der »**moderne**« **Antikommunismus** zum **Motor der Rechtsentwicklung** in der bundesdeutschen Geschichtsschreibung.

Inhalt und Methode der antikommunistischen Geschichtsschreibung

Die aufkommende Tendenz zum Faschismus räumte dem offen reaktionären Antikommunismus in der bürgerlichen Geschichtsschreibung wieder mehr Raum ein. Ein Frontmann wurde **Jörg Baberowski**.[101] Seine antikommunistischen Verleumdungen Stalins spitzte er 2014 in dem Magazin Der Spiegel zu:

»*Hitler war kein Psychopath, er war nicht grausam. Er wollte nicht, dass an seinem Tisch über die Judenvernichtung geredet*

---

[99] Jürgen Habermas, »Eine Art Schadensabwicklung«, in: »Historikerstreit«, S. 71

[100] Klaus Große Kracht, »Debatte: Der Historikerstreit«, docupedia.de 11.1.2010

[101] Jörg Baberowski, deutscher Historiker, als Schüler Mitglied im Kommunistischen Bund Westdeutschlands (KBW), später Professor an den Universitäten Tübingen, Leipzig und an der Humboldt-Universität Berlin

wird. Stalin dagegen hat die Todeslisten voller Lust ergänzt und abgezeichnet, er war bösartig, er war ein Psychopath.«[102]

Belege für diese absurde Hetzpropaganda? – Fehlanzeige! In der antikommunistischen Geschichtsschreibung scheint alles erlaubt zu sein! Hitler gegenüber Stalin sogar positiv hervorzuheben, damit toppte Baberowski noch die verleumderische Totalitarismus-Theorie von Hannah Arendt. Nicht zufällig verband er dies mit einem massenfeindlichen, reaktionären Menschenbild:

»Der Mensch wird nicht, was er ist, er ist niemals ein anderer gewesen. ... Jahrhundertelang haben Menschen einander verletzt und getötet, und nichts wird sie davon abhalten, es auch in Zukunft zu tun.«[103]

Mit seiner Behauptung der Unveränderlichkeit der Menschen, der pauschalen Aburteilung aller Menschen als potentielle Mörder und Totschläger nimmt er zugleich die Herrschenden aus der Schusslinie, die in Wirklichkeit die ungeheuren Gräueltaten in ihren reaktionären Kriegen zu verantworten haben.

Baberowskis aggressive Hetze gegen den Kommunismus stieß jedoch auch auf Widerspruch.

So polemisierte **Stefan Plaggenborg**, Historiker an der Ruhr-Universität Bochum, gegen Baberowski. Unter dem Titel »Stalin war's!« schrieb er 2012:

»Die Totalitarismustheorie, von fast allen Sowjethistorikern mittlerweile als überholt angesehen, feiert plötzlich wieder Auferstehung. ... Dieses Buch ist wirklich ein bisschen altmodisch.«[104]

---

[102] Dirk Kurbjuweit, »Der Wandel der Vergangenheit«, Der Spiegel 7/2014

[103] Jörg Baberowski, »Räume der Gewalt«, S. 136 und 213

[104] Stefan Plaggenborg, »Stalin war's! Über Jörg Baberowskis ›Verbrannte Erde‹«, Osteuropa, Heft 4/2012, S. 100

Ein »bisschen altmodisch« zu sein wäre ja gerade noch erträglich. Aber die Krise der bürgerlichen Geschichtswissenschaften fußt ganz wesentlich auf dem **idealistischen Subjektivismus**, dessen Unwissenschaftlichkeit bereits Lenin nachwies:

> »Bisher fiel es den Soziologen schwer, in dem komplizierten Netz der sozialen Erscheinungen wichtige Erscheinungen von unwichtigen zu unterscheiden (hier liegt die Wurzel des Subjektivismus in der Soziologie), und sie konnten kein objektives Kriterium für eine solche Unterscheidung ausfindig machen.«[105]

Das Wesentliche an den ersten sozialistischen Staaten der Welt ist der historische Nachweis, dass die kapitalistische Ausbeutung und Unterdrückung keineswegs das Ende der Geschichte sind. Marxisten-Leninisten leugnen oder verharmlosen grundsätzlich nicht die Fehler, Versäumnisse und durch Mitglieder oder Institutionen der sozialistischen Gesellschaft begangenen Verbrechen. Im Gegenteil haben sie das größte Interesse, aus ihren Errungenschaften und ihren Fehlern zu lernen und schöpferische Schlussfolgerungen zu ziehen im Kampf für ein neues Ansehen des Sozialismus.

Renaissance faschistischer Geschichtsschreibung

Die aktuelle faschistische Gefahr in Europa wäre nicht denkbar ohne den Versuch ihrer Akteure, die Geschichte neu zu schreiben. War es seit dem Zweiten Weltkrieg in Deutschland Konsens der öffentlichen Meinung, den Hitler-Faschismus zu verurteilen, wird das durch die Partei AfD (»Alternative für Deutschland«) systematisch aufgeweicht. In der Deutung der Geschichte stößt sie immer weiter nach rechts vor.

---

[105] Lenin, »Was sind die ›Volksfreunde‹ und wie kämpfen sie gegen die Sozialdemokraten?«, Werke, Bd. 1, S. 130

Ihr faschistischer Ideologe **Björn Höcke** forderte 2017:

»Wir brauchen eine erinnerungspolitische Wende um 180 Grad.«[106]

Wohin die Reise gehen sollte, beschrieb er gleich konkret,

»das große Problem ist, dass man Hitler als das absolut Böse darstellt«.[107]

Ein Jahr später versuchte der damalige AfD-Chef **Alexander Gauland** die koloniale Geschichte des deutschen Imperialismus reinzuwaschen:

»Hitler und die Nazis sind nur ein Vogelschiss in über tausend Jahren erfolgreicher deutscher Geschichte.«[108]

Die AfD-Co-Vorsitzende **Alice Weidel** trauerte im Jahr 2023 noch um Hitlers Niederlage, als sie einer Feier im Bundestag zum Sieg über den Hitler-Faschismus am 8. Mai 1945 bewusst fernblieb, um nicht *»die Niederlage des eigenen Landes zu befeiern«*[109].

Ohne diese Veränderungen in der Geschichtsdeutung wäre es nicht möglich, dass in Deutschland erstmals seit dem Zweiten Weltkrieg eine faschistische Partei wieder Masseneinfluss bekam.

---

[106] »Höcke-Rede im Wortlaut: Gemütszustand eines total besiegten Volkes«, tagesspiegel.de 19.1.2017

[107] »AfD – Höcke, Hitler und das Böse«, sueddeutsche.de 9.3.2017

[108] Florian Schillat, »›Vogelschiss‹-Rede von AfD-Chef: Die Opfer sind ihm schlicht egal«, stern.de 4.6.2018

[109] »AfD-Vorsitzende Weidel empört mit Aussage über Fall des NS-Regimes«, spiegel.de 11.9.2023

2.4. Der Drahtseilakt der bürgerlichen Pädagogik

Die **bürgerliche Pädagogik** nahm gegenüber dem Feudalismus eine fortschrittliche Rolle ein, als sie allgemeine Volksbildung, Förderung und Ausbildung aller Kinder und Jugendlichen einführte und militärischen Drill und demütigenden Autoritarismus in den Schulen bekämpfte.

Friedrich Engels polemisierte aber schon 1845 gegen die bürgerlichen Inhalte:

»daß die Religion ... zum vorzüglichsten Unterrichtsgegenstande erhoben und das Gedächtnis der Kinder mit unverständlichen Dogmen und theologischen Distinktionen vollgepfropft ... und alle vernünftige ... Bildung schändlich vernachlässigt wird.«[110]

Lenin charakterisierte Ziel und Richtung dieser reaktionären bürgerlichen Bildung, dass

»es den Kapitalisten nur darauf ankam, gefügige und gedrillte Arbeiter zu dressieren und abzurichten.«[111]

Die Erziehung zur Kleingeisterei konnte jedoch den Wissensdurst der Arbeiter und ihrer Jugend nicht stillen. So erfuhr die Bildungsarbeit der entstehenden sozialistischen Bewegung großen Zuspruch in der Arbeiterbewegung.

»Ich habe manchmal Arbeiter, deren Samtröcke nicht mehr zusammenhalten wollten, mit mehr Kenntnis über geologische,

---

[110] Friedrich Engels, »Die Lage der arbeitenden Klasse in England«, Marx/Engels, Werke, Bd. 2, S. 340

[111] Lenin, »Rede in der III. Gesamtrussischen Beratung der Leiter der Unterabteilungen für außerschulische Bildung bei den Gouvernementsabteilungen für Volksbildung«, Werke, Bd. 30, S. 368

astronomische und andre Gegenstände sprechen hören, als mancher gebildete Bourgeois in Deutschland davon besitzt.«[112]

Reichskanzler Bismarck (1815–1898) sah sich dagegen zu einer Doppelstrategie herausgefordert: Einerseits sollte das **Sozialistengesetz** den Einfluss des Marxismus unterbinden; 1878 bis 1890 waren die damals noch revolutionäre Sozialdemokratie und ihre Massenarbeit verboten und wurden unterdrückt.

Andererseits führte das Deutsche Reich 1871 bis 1887 einen fortschrittlich wirkenden »**Kulturkampf**« gegen Papst Pius den IX. und die katholische Kirche. Bismarck setzte die **bürgerliche Pädagogik** gegen die katholische Kirche durch, stellte das weltliche **Bildungswesen** unter die Oberhoheit des neuen Nationalstaats. Nach 1874 wurde die Zivilehe als rechtliche Norm eingeführt. Bismarcks Sozialgesetze und die staatlich sanktionierte Eheschließung auch für Arbeiter sollten die Arbeiterklasse in die bürgerliche Staats- und Familienordnung einbinden und die gesellschaftlichen Verhältnisse stabilisieren.

Die Aufgabe der modernen bürgerlichen Sozialpädagogik

Was im 19. Jahrhundert Aufgabe der Kirchen und des Bismarckschen staatlichen Sozialwesens war, leistet heute in erster Linie die **Sozialpädagogik** oder die **Sozialarbeit** von Staat, Kirchen und »freien Trägern«.

Die Jugendrebellion Ende der 1960er-Jahre richtete sich gegen die autoritäre und offen antikommunistische Tradition der Nachkriegszeit, die noch viele Merkmale der faschistischen Ideologie konservierte. Revolutionär zu sein, wurde

---

[112] Friedrich Engels, »Die Lage der arbeitenden Klasse in England«, Marx/Engels, Werke, Bd. 2, S. 454

unter der Jugend regelrecht Mode. Zehntausende wandten sich allein in Deutschland dem **Marxismus-Leninismus** zu, ein großer Teil organisierte sich in der hauptsächlich kleinbürgerlich geprägten »ML-Bewegung«. Marxistisch-leninistische Jugendgruppen wurden gerade durch ihre vielfältigen kulturellen und Bildungsaktivitäten attraktiv.

Die Herrschenden mussten reagieren. Das war die Geburtsstunde der modernen **bürgerlichen Sozialpädagogik**. Sie wurde zu einer **wesentlichen Stütze** der bürgerlichen und kleinbürgerlichen Prägung der Jugend. Sie anerkennt in der Regel die wachsende Ungerechtigkeit und gravierenden sozialen Probleme. Sie kritisiert sie, verankert und trainiert aber zugleich einen möglichst erfolgreichen individuellen Ausweg.

Hans Thiersch, der an der Universität Tübingen nach 1970 Tausende Sozialpädagoginnen und -pädagogen ausbildete, sah die Aufgabe der Sozialpädagogik darin, *»wie sich die Kritik an den Machtstrukturen ... verbinden konnte mit den realen Gestaltungsmöglichkeiten im Sozialstaat.«*[113]

Darin besteht die hohe Schule dieser Sozialpädagogik: Kritik an den gesellschaftlichen Verhältnissen: Ja! Revolutionäres Denken und Handeln: Nein! Mit den Lebenslügen von der »sozialen Marktwirtschaft«, vom »Sozialstaat«, der »freiheitlich-demokratischen Grundordnung« und der »friedlichen Außenpolitik« wirbt sie für die grandiose Perspektive der »realen Gestaltungsmöglichkeiten« innerhalb der bestehenden kapitalistischen Verhältnisse. Von der Arbeiterklasse, den Kapitalisten oder dem Klassenkampf soll in der öffentlichen Meinung keine Rede mehr sein.

Die überwiegend kleinbürgerliche Prägung der damaligen Studentenbewegung war für solche Inhalte durchaus emp-

---

[113] Prof. Dr. Hans Thiersch, »Soziale Arbeit und Lebensweltorientierung: Konzepte und Kontexte«, S. 8

fänglich. Das Studium der Sozialpädagogik wurde Mode unter fortschrittlichen Studenten. Die Zahl der Sozialarbeiter, -pädagogen und Erzieher verzehnfachte sich zwischen 1970 und 2016 auf über 1,5 Millionen.[114] Die Zahl der Jugendhäuser oder Jugendzentren, die von Gemeinden und teilweise auch von Jugendlichen selbst verwaltet wurden, wuchs von 1970 bis 1981 auf einen Höchststand von 22 124.

Die Sozialarbeit kanalisierte den revolutionären Elan Zehntausender Jugendlicher in reformistisches Engagement in einer Vielzahl von Kinder-, Jugend-, Straffälligen- oder Obdachlosenprojekten. Das zeigt ihre **bürgerliche, staatstragende Funktion.**

Der moderne Antiautoritarismus wird zur weltanschaulichen Grundlage der modernen Pädagogik

Der **moderne Antiautoritarismus** gab sich fortschrittlich und knüpfte am Lebensgefühl der kleinbürgerlichen Studentenrevolte an. Vielfach bewundert wurde das antiautoritäre Schulmodell »Summerhill« aus England.

Das **System der kleinbürgerlich-intellektuellen Denkweise** integrierte den modernen Antiautoritarismus als Ausrichtung der Denk-, Lebens- und Arbeitsweise der Jugend. Die kleinbürgerlich-antiautoritäre Denkweise mit ihrer **desorientierenden, demoralisierenden und desorganisierenden Wirkung** beeinflusst und prägt seither die Masse der Jugend. Sie wurde zu einem Haupthindernis für die Organisierung in einer sozialistischen Jugendbewegung.

---

[114] Im gleichen Zeitraum wuchs die Bevölkerung um etwa ein Drittel.

Das kleinbürgerliche Wesen des Antiautoritarismus

Weltanschaulich stellt der moderne Antiautoritarismus eine zeitgemäß modifizierte Wiedergeburt der idealistischen Pädagogik des »Laissez-faire«[115] von **Jean-Jacques Rousseau**[116] dar. Sein historisches Verdienst war, erstmals Kinder und Jugendliche als ernstzunehmende Persönlichkeiten und nicht nur als erweiterte Arbeitskräfte in den Familien und in der Arbeitswelt zu fördern. Unter Pädagogik verstand er allerdings lediglich die Begleitung der **Selbstentfaltung des Kindes**. Sein Standardwerk »Émile oder Über die Erziehung« (1762) propagiert die

»Freiheit zur Selbstentfaltung. Der Junge lernt nicht durch Belehrung oder Strafe – sondern durch Spielen, Toben, Faulenzen.«[117]

Von der modernen Sozialpädagogik wird Rousseau als *»Urvater der antiautoritären Bewegung«*[118] gewürdigt.

Laissez-faire treibt heute wilde Blüten im Erziehungsalltag: Schon Kleinkinder sollten mit ihren Eltern *»in ihrer Meinung gleichberechtigt«*[119] sein. Kinder unter sechs Jahren bräuchten keine Erziehung, sondern nur *»empathische Begleitung«*.[120] Im Kindergarten soll das kindliche *»Streben nach Autonomie«* die *»Basis der gesamten pädagogischen Arbeit«* bilden.[121]

---

[115] »Laissez-faire« bedeutet sinngemäß »machen lassen«.

[116] Jean-Jacques Rousseau, 1712–1778, Schriftsteller, Naturforscher, Pädagoge und Philosoph der Aufklärung und ein Vordenker des utopischen Sozialismus

[117] Johannes Kückens, »Die Entdeckung der Kindheit: Wie Rousseau die Pädagogik revolutionierte«, in: GEO Kompakt Nr. 17–12/2008, geo.de

[118] ebenda

[119] Verena Fischer, »Der demokratische Erziehungsstil«, kindererziehung.com Januar 2021

[120] Jesper Juul, »Schulinfarkt«, S. 28

[121] siehe zum Beispiel: »Unser pädagogisches Leitbild«, kita-kleinegesellschaft.de 10.2.2022

Das deutschlandweite Kindertagesstätten-Informationsportal KiTa.de stellt nach Jahren praktizierter Laissez-faire-Pädagogik alarmiert nachhaltige psychische und physische Entwicklungsstörungen fest:

»*Später haben Erwachsene, die laissez-faire erzogen wurden, **Probleme, Beziehungen zu führen** und sich zu binden. ... Der Laissez-faire-Erziehungsstil kann ... eine Art der **Verwahrlosung** darstellen, ... zu ernsthaften **psychischen Störungen** führen ... oftmals zu einem **Suchtverhalten**.*«[122]

Es gibt eben kein kindliches Wesen an sich. Jedes Kind wächst auf in einer konkreten historischen Situation und Klassenlage. Das Gegenteil von Laissez-faire ist nicht etwa Drill und blinde Disziplin. Vielmehr ist Grundlage für Selbständigkeit die Fähigkeit zur Bewältigung des Lebensalltags und Auseinandersetzung, Übernahme von Verantwortung für sich und die Gesellschaft, eine Erziehung, die soziale und ökologische **Orientierung, Prägung und Prinzipien** vermittelt. Laissez-faire und Antiautoritarismus entpuppten sich als Waffen der Herrschenden und Feinde der Arbeiterbewegung:

»*Der moderne Antiautoritarismus steigt zu einer staatstragenden Philosophie auf, wird zur maßgeblichen Grundlage einer Erziehung, in der jeder seine ›individuelle Freiheit‹ ausleben und sich keinesfalls für gesellschaftliche Ziele engagieren oder gar der Organisationsdisziplin der Arbeiterbewegung unterordnen soll.*«[123]

---

[122] kita.de 13.2.2024 – Hervorhebung Verf.

[123] Stefan Engel, »Morgenröte der internationalen sozialistischen Revolution«, S. 212

Die kleinbürgerlich-sozialpädagogische Denkweise als Massenerscheinung

Auf dem Hintergrund der Veränderungen in der Produktion und Klassenstruktur wurde die **kleinbürgerlich-sozialpädagogische** und **-antiautoritäre Denkweise** als **Massenerscheinung** verankert. Nicht nur Berufspädagogen, auch Fernsehsendungen und Erziehungsratgeber trugen sie in die Gesellschaft.

Für das Ideal von Abitur und Studium halten viele Eltern ihre Kinder häufig weitgehend von körperlicher Arbeit ab, stellen sie von Verpflichtungen in der Familie frei und verwöhnen sie regelrecht.

Industrielle oder handwerkliche Ausbildungsberufe sowie körperliche Arbeit gelten gesellschaftlich als minderwertig und vornehmlich für Arbeiterkinder geeignet oder nur als Einstieg in ein Studium. Während die Zahl der Studierenden die Universitäten überquellen lässt, bleiben 2,9 Millionen Jugendliche unter 34 Jahren ohne Berufsabschluss. In Deutschland und anderen industrialisierten Ländern grassiert in der Folge ein **Facharbeitermangel**, der den Anforderungen der modernen Industrieproduktion diametral entgegensteht. Um das Klassenbewusstsein der Arbeiterjugend zu zersetzen, wurde ein kleinbürgerlicher Geist verbreitet: individuelle Selbstverwirklichung und Egoismus, Ich-Bezogenheit und Konkurrenz, Klassenzusammenarbeit und nationalistisches Standortdenken statt Klassenkampf und internationale Solidarität.

Dementsprechend erhob der Pädagoge und Familientherapeut **Wolfgang Bergmann** die Prinzipienlosigkeit zum pädagogischen Leitmotiv:

»*Prinzipien machen dumm, in der Erziehung wahrscheinlich mehr als anderswo.*«[124]

---

[124] Wolfgang Bergmann, »Disziplin ohne Angst«, S. 60

Die von Wolfgang Bergmann gefeierte Prinzipienlosigkeit bedeutet in Wirklichkeit nichts anderes als bürgerlichen Pragmatismus, Konkurrenz, Egoismus und Opportunismus. Überzeugungen sind dem persönlichen Vorteil zu opfern.

Jede Gesellschaft würde sofort zusammenbrechen, würde sich die Masse der Menschen tatsächlich derart egoistisch und individualistisch verhalten. Solche Leitlinien spiegeln höchstens die dekadente Lebens- und Denkweise der Herrschenden wider, die aus ihrer bürgerlichen oder kleinbürgerlichen Klassenlage und ihren bürgerlichen oder kleinbürgerlichen Idealen erwächst.

Die Krise der bürgerlichen Sozialpädagogik

Nach der Jahrtausendwende wurde die bürgerliche Gesellschaft selbst nicht mehr fertig mit den Geistern, die sie gerufen hatte. In Wechselwirkung mit der Krise des kapitalistischen Bildungssystems entstand eine **Krise der bürgerlichen Sozialpädagogik**. Materielle Grundlage waren die Krise des bürgerlichen Sozialwesens mit Abbau von Ausbildungsplätzen, Unterfinanzierung von Kitas, Schulen und Hochschulen, Schließung vieler Jugendzentren, Lehrermangel sowie wachsende Armut unter der Jugend.

Diese Entwicklung traf auf eine zunehmende Scheu vor harten Arbeitsbedingungen unter Teilen der Jugend, verbunden mit der Denkweise einer illusionären kleinbürgerlichen Selbstverwirklichung und des individuellen Auswegs.

Statt der angeblich beabsichtigten Beseitigung unterdrückerischer Abhängigkeitsverhältnisse hatte die bürgerliche Sozialpädagogik den Masseneinfluss einer perspektivlosen, kleinbürgerlich-egoistischen Denk-, Arbeits- und Lebensweise gefördert.

Der bürgerliche Katzenjammer folgte auf dem Fuß. Die Ärztin und Psychotherapeutin **Martina Leibovici-Mühlberger** wertete die bedenkliche Zunahme mangelnder Schulfähigkeit als Folge des Laissez-faire aus, als *»gängige moderne Erziehungsmaxime unserer Gesellschaft«*:

»So viele Kinder wie noch nie zuvor verfügen mit dem Eintritt in die sogenannte Schulreife noch nicht einmal über ausreichendes Selbstmanagement, um überhaupt einem Unterricht folgen zu können«.[125]

Monopolverbände beklagen *»mangelnde Ausbildungsreife«*.[126] Das ist schlicht scheinheilig, denn sie sind verantwortlich für die von ihnen selbst jahrelang verbreitete dekadente kleinbürgerlich-antiautoritäre Denkweise, die direkte schädliche Auswirkungen auch in den Betrieben hat.

Die tiefe Krise der modernen Sozialpädagogik ließ Professor Thiersch 2006 die soziale Arbeit neu definieren:

»Ihre primäre Aufgabe ist ... die Herstellung eines aushaltbaren Lebens, im Horizont von Gerechtigkeit, Solidarität und Autonomie.« Dazu brauche es *»in den gegebenen Unterdrückungen, Fatalismen und Verdeckungen Freisetzung, Ermutigung und Unterstützung.«*[127]

Die *»Unterstützung«* eines *»aushaltbaren Lebens«* innerhalb der *»gegebenen Unterdrückungen«* – ist das alles, was von den hehren Idealen der bürgerlichen Sozialpädagogik geblieben ist?

Die staatliche Sozialpädagogik wurde mit dieser Neuausrichtung wesentliches Instrument imperialistischen Krisen-

---

[125] Martina Leibovici-Mühlberger, »Immer mehr ›Tyrannenkinder‹: Warum viele Eltern bei der Erziehung versagen – eine Streitschrift«, news4teachers. de 16.5.2016

[126] »Wirtschaft beklagt mangelnde Ausbildungsreife«, bundesregierung.de 26.11.2020

[127] Maria Bitzan, Eberhard Bolay, »Ein Gespräch mit Hans Thiersch zur Frage: Was ist kritische Soziale Arbeit?«, in: WIDERSPRÜCHE, Heft 100, Juni 2006, S. 67 und 71

managements. Anschaulich wird das am **»Resilienz«-Konzept**:

»Mit »Resilienz« ist »die Fähigkeit gemeint, auf Schocksituationen – seien es Naturkatastrophen, Konflikte, emotionale oder auch wirtschaftliche Krisen – so zu reagieren, dass die eigene Identität und Handlungsfähigkeit erhalten bleiben.«[128]

Treffend bringt es die Pädagogin **Usche Merk** auf den Punkt:

»Resilienzprogramme offenbaren das Eingeständnis, an den Schrecken dieser Welt nichts mehr verändern zu können oder zu wollen.«[129]

Die proletarische, sozialistische Pädagogik

Karl Marx und Friedrich Engels deckten den Klassencharakter jeder Erziehung auf und legten die Grundlagen der **proletarischen Pädagogik**. Diese beruht auf der materialistischen Einschätzung, dass für Probleme in der Erziehung nicht einfach die einzelnen Arbeiterfamilien verantwortlich gemacht werden können. Sie betont deshalb die **kollektive Verantwortung der Arbeiterklasse** für die Erziehung der künftigen Generationen:

»Der einzelne Arbeiter ist nicht frei in seinen Handlungen. In zu vielen Fällen ist er sogar zu unwissend, die wahren Interessen seines Kindes oder die normalen Bedingungen der menschlichen Entwicklung zu verstehen. Der aufgeklärtere Teil der Arbeiterklasse begreift jedoch sehr gut, daß die Zukunft seiner Klasse und damit die Zukunft der Menschheit völlig

---

[128] Geschäftsbericht 2010, UNICEF Deutschland, S. 4
[129] Usche Merk, »Vom Trauma zur Resilienz«, medico.de 31.3.2015

von der Erziehung der heranwachsenden Arbeitergeneration abhängt.«[130]

Die Klassiker des Marxismus-Leninismus legten größten Wert auf die Arbeit unter und mit der Jugend. Sie kritisierten jede Geringschätzung dieser Arbeit und der proletarischen Pädagogik. **Marx** und **Engels** befassten sich in ihren bekanntesten Schriften – im »Kommunistischen Manifest«, im »Kapital«, im »Anti-Dühring« oder in der »Kritik des Gothaer Programms« – mit den Aufgaben einer sozialistischen Pädagogik. Sie kritisierten prinzipiell die feudale, bürgerliche und kleinbürgerliche Erziehung der Jugend. **Lenin** richtete die sozialistische Sowjetunion vor allem auf die **Einheit von Theorie und Praxis** aus als wesentliches Merkmal der proletarischen Pädagogik:

»Eines der größten Übel, eine der größten Plagen, die uns die alte, kapitalistische Gesellschaft hinterlassen hat, ist die tiefe Kluft zwischen Buch und praktischem Leben«.[131]

Die **proletarische Pädagogik** setzte in der Arbeit des herausragenden sowjetischen Pädagogen **Anton Makarenko** große Kräfte beim **sozialistischen Aufbau** frei. Das würdigen sogar bürgerliche Zeitschriften wie Der Spiegel:

»Nach Krieg und Bürgerkrieg gab es in der Sowjetunion bis zu neun Millionen heimatlose Kinder und Jugendliche, die in furchtbarem Elend zu überleben versuchten, als Bettler, Diebe oder Prostituierte; traumatisierte Kinder, von denen manche nicht einmal ihren Namen kannten. Makarenko gab ihnen notfalls neue Namen ... und hielt sie zu harter Arbeit an. Gleichzeitig durften die Kinder und Jugendlichen sich in einer Art

---

[130] Karl Marx, »Instruktionen für die Delegierten des Provisorischen Zentralrats zu den einzelnen Fragen«, Marx/Engels, Werke, Bd. 16, S. 194

[131] Lenin, »Die Aufgaben der Jugendverbände«, Werke, Bd. 31, S. 274

Rätesystem selbst verwalten ... Einer seiner zentralen Sätze an seine Zöglinge lautet: ›Ich fordere dich, weil ich dich achte.‹«[132]

Die Losung »**Dem Volk dienen!**« von **Mao Zedong** erzog die Masse der Jugend in der Volksrepublik China zu gesellschaftlich aktiven, revolutionären Menschen mit dem Lebensziel, die eigenen Fähigkeiten selbstlos für die ganze sozialistische Gesellschaft einzusetzen. So legte die **Große Proletarische Kulturrevolution** im China Mao Zedongs einen besonderen Schwerpunkt auf das **Bildungs- und Erziehungswesen**. Von Anfang an war *»eine der wichtigsten Aufgaben ... die Umformung des alten Erziehungssystems, der alten Unterrichtsprinzipien und -methoden.«*[133]

Die Kulturrevolutionäre unterzogen praxisfernen Prüfungsdruck und Unterdrückung von Kritik und Selbstkritik einer radikalen Kritik. Unterstützt von fortschrittlichen Intellektuellen und Studenten, erkämpften sich die Arbeiter und armen Bauern die Herrschaft über das Bildungswesen.

Im Sozialismus wird der Klassenkampf um die proletarische Erziehung eine **Schlüsselfrage** auf dem Weg zur **kommunistischen Gesellschaft** mit dem Ziel allseitig entwickelter, verantwortungsbewusster, solidarischer, selbständig denkender und handelnder Menschen.

Die **proletarische Pädagogik** hat ein positives Verhältnis zu **Widersprüchen und Umbrüchen im jungen Leben**. Sie hilft, diese zu meistern und dabei sich selbst und die Umgebung zu verändern. Dabei brauchen die **Jugendlichen große Aufgaben** in enger Verbindung mit **Prinzipien**, Stan-

---

[132] Michael Sontheimer, »Das Kollektiv erziehen«, Der Spiegel 6/2016

[133] »16-Punkte-Entschließung des Zentralkomitees der Kommunistischen Partei Chinas vom 8. August 1966«, zitiert nach: Peter Mauger u. a., »Erziehung und Ausbildung in China«, S. 53

dards und Ritualen sowie Ausbildung zu ihrer schöpferischen Verwirklichung.

Karl Marx hatte bereits 1866 Forderungen für die »*Arbeit von Jugendlichen und Kindern (beiderlei Geschlechts)*«[134] entwickelt. Sie enthielten neben geistiger und körperlicher Erziehung

»**Polytechnische Ausbildung**, *die die allgemeinen Prinzipien aller Produktionsprozesse vermittelt und gleichzeitig das Kind und die junge Person einweiht in den praktischen Gebrauch und die Handhabung der elementaren Instrumente aller Arbeitszweige.*«[135]

Proletarische Pädagogik organisiert lebendige Erziehung, die der Jugend Vertrauen in die eigene Kraft gibt. Lenin betonte:

»*Für die vollständige Selbständigkeit der Jugendverbände, aber auch für die volle Freiheit einer kameradschaftlichen Kritik ihrer Fehler! Schmeicheln dürfen wir der Jugend nicht.*«[136]

Zur proletarischen Pädagogik gehört überzeugende Autorität, die sowohl auf Zuneigung und Vertrauen zu den Bezugspersonen als auch auf begründetem Respekt beruht. Der Neurobiologe **Gerald Hüther** warnte:

»*Bildung kann nicht gelingen ... wenn Kinder daran gehindert werden, eigene Erfahrungen bei der Bewältigung von Schwierigkeiten und Problemen zu machen (Verwöhnung) ... Das Gehirn ... lernt das am besten, was einem Heranwachsenden hilft, sich in der Welt, in die er hineinwächst, zurecht zu finden und die Probleme zu lösen*«.[137]

---

[134] Karl Marx, »Instruktionen für die Delegierten des Provisorischen Zentralrats zu den einzelnen Fragen«, Marx/Engels, Werke, Bd. 16, S. 193
[135] ebenda, S. 195
[136] Lenin, »Jugend-Internationale«, Werke, Bd. 23, S. 165
[137] Gerald Hüther, »Weshalb Kinder Märchen brauchen«, win-future.de 7.8.2024

Das Gehirn wird also nicht zum Auswendiglernen oder Nachvollziehen, sondern zum Lösen von Problemen optimiert. Lenin verlangte viel von der Jugend und unterstrich in seiner Kritik an der stumpfen Wissensanhäufung der bürgerlichen Pädagogik die Bedeutung **theoretischer Kenntnisse**:

> »*Ihr würdet jedoch einen großen Fehler begehen, wolltet ihr daraus den Schluß ziehen, daß man Kommunist werden kann, ohne sich das von der Menschheit angehäufte Wissen anzueignen. Es wäre irrig, zu glauben, daß es genüge, sich die kommunistischen Losungen, die Schlußfolgerungen der kommunistischen Wissenschaft anzueignen, ohne sich jene Summe von Kenntnissen anzueignen, deren Ergebnis der Kommunismus selbst ist.*«[138]

Um sich in der komplizierten Wirklichkeit zurechtzufinden, ist es erforderlich, dass Jugendliche die bewusste Anwendung der **dialektischen Methode** in Theorie und Praxis lernen und ständig trainieren, bis sie ihnen in Fleisch und Blut übergegangen ist.

Unter den heutigen Bedingungen muss die proletarische Pädagogik wesentlich als allseitige **Lebensschule der proletarischen Denkweise** verwirklicht werden. Sie dient der möglichst frühen Prägung einer proletarischen Denk-, Arbeits- und Lebensweise. Das ist der wichtigste Damm gegen die Destruktivkräfte der bürgerlichen Kultur und Moral. Die Lebensschule der proletarischen Denkweise unter der Jugend bedarf der proletarischen Pädagogik und damit **weltanschaulicher Prägung**, statt nur ein politisches Programm oder praktische Aktivitäten zu entwickeln.

---

[138] Lenin, »Die Aufgaben der Jugendverbände«, Werke, Bd. 31, S. 275

2.5. Die Manipulation der öffentlichen Meinung durch die bürgerliche Soziologie

Bürgerliche und proletarische Soziologie

Auguste Comte (1798–1857), französischer Mathematiker, Philosoph und Religionskritiker, gilt als Begründer der bürgerlichen Soziologie und des Positivismus. Sechs Jahre lang war er Sekretär von Henri de Saint-Simon, einem Vertreter des utopischen Sozialismus. Doch mit der Herausbildung und Stärkung der revolutionären Arbeiterbewegung stellte er sich gegen diese neue Entwicklung. Friedrich Engels schrieb dazu:

»Aber wenige Jahre darauf wurden die Comtisten bedeutend kühler gegen die Arbeiterbewegung; die Arbeiter wurden jetzt zu mächtig, es galt, zur Aufrechthaltung des richtigen Gleichgewichts zwischen Kapitalisten und Arbeitern ... jetzt wieder die ersteren zu unterstützen«.[139]

Engels beschrieb hier die Aufgabe der **bürgerlichen Soziologie**: Vom Klassenstandpunkt der Bourgeoisie aus ging es darum, die finstere Zeit des feudalen Absolutismus zu kritisieren und zugleich die entstehende kapitalistische Ordnung gegen die aufkommende revolutionäre Arbeiterbewegung zu verteidigen.

In Ablehnung religiöser Dogmen wurde der **Positivismus** zur gängigen Forschungsmethode. Dieser beansprucht aber nicht mehr als die Sammlung von Fakten, allenfalls die Beschreibung der gesellschaftlichen Realität. Für Comte war es

---

[139] Friedrich Engels, »Engels an Ferdinand Tönnies in Kiel«, Marx/Engels, Werke, Bd. 39, S. 395/396

»*ein völlig aussichtsloses und sinnloses Unternehmen, nach ersten Ursachen und letzten Zwecken zu forschen.*«[140]

Comte vertrat die philosophische Lehre des **Agnostizismus**: dass Gesellschaften und Natur zwar objektiv existieren, aber nicht erforscht werden können. Ausbeutung und Unterdrückung in der kapitalistischen Gesellschaft seien weder zu erklären noch zu verändern. Die bürgerliche Soziologie ist eine **Pseudowissenschaft**. Schon Lenin wies auf die entsprechend rasche Vergänglichkeit ihrer Produkte hin:

»*Aus diesem Grunde sind denn auch alle diese philosophisch-historischen Theorien wie Seifenblasen entstanden und auch wie diese zerplatzt*«.[141]

Fast gleichzeitig mit Comte entwickelte Karl Marx in enger Zusammenarbeit mit Friedrich Engels die **wissenschaftliche proletarische Soziologie**. Marx stützte sich auf alle wertvollen Ausarbeitungen und Untersuchungen der bisherigen Gesellschaftswissenschaften. Lenin hob den fundamentalen Unterschied in Inhalt und Methode hervor:

»*Als dialektische Methode bezeichneten Marx und Engels – im Gegensatz zur metaphysischen – nichts anderes als die wissenschaftliche Methode in der Soziologie, die darin besteht, daß die Gesellschaft als ein lebendiger, in ständiger Entwicklung begriffener Organismus betrachtet wird ... dessen Untersuchung die objektive Analyse der Produktionsverhältnisse erfordert, die die gegebene Gesellschaftsformation bilden, die Erforschung der Gesetze, nach denen sie funktioniert und sich entwickelt.*«[142]

---

[140] Auguste Comte, »Über Wesen und Bedeutung der positiven Philosophie«, zitiert nach philos-website.de 4.5.2024

[141] Lenin, »Was sind die ›Volksfreunde‹ und wie kämpfen sie gegen die Sozialdemokraten?«, Werke, Bd. 1, S. 136

[142] ebenda, S. 158

Die bürgerlichen Soziologen geben sich klassenneutral, verschleiern ihren Klassenstandpunkt und die Parteinahme für die Kapitalisten. Lenin betonte dagegen den offenen Klassenstandpunkt der Arbeiterklasse:

»*Mit Hilfe derselben **objektiven** Analyse der kapitalistischen Gesellschaftsordnung wies er* (Marx – Verf.) *nach, daß diese sich **notwendig** in die sozialistische verwandeln wird.*«[143]

Der Subjektivismus als allgemeine Grundlage der bürgerlichen Soziologie

Die bürgerliche Soziologie kennt kein in sich geschlossenes, vereinheitlichtes wissenschaftliches System zur Analyse und Charakterisierung von Gesellschaften. Gemeinsamer vorrangiger Gegenstand der Untersuchungen ist allen bürgerlichen Soziologen das subjektive Handeln und die zugrundeliegenden Ideen und Motive. So formulierte **Max Weber**[144], dessen Werke die deutsche Soziologie der Nachkriegszeit maßgeblich beeinflussten:

»*Soziologie ... soll heißen: eine Wissenschaft, welche soziales Handeln deutend verstehen und dadurch in seinem Ablauf und seinen Wirkungen ursächlich erklären will. ›Handeln‹ soll dabei ein menschliches Verhalten ... heißen, wenn und insofern als der oder die Handelnden mit ihm einen subjektiven **Sinn** verbinden.*«[145]

Subjektivismus ist ein Hauptmerkmal der klassischen bürgerlichen Soziologie. Er verabsolutiert das Denken und Handeln der Einzelnen, schätzt die objektive Realität gering und ignoriert ihre Gesetzmäßigkeiten. Der Subjektivismus

---

[143] ebenda, S. 150
[144] 1864–1920. Er gilt als Klassiker der deutschen Soziologie.
[145] Max Weber, »Gesammelte Aufsätze zur Wissenschaftslehre«, S. 542, zitiert nach zeno.org 18.1.2024

macht die bürgerliche Soziologie unfähig, die tatsächliche Funktionsweise menschlicher Gesellschaften zu erforschen und vorwärtstreibend auf die Geschichte einzuwirken.

Die subjektivistische Fokussierung auf einzelne Meinungen und Stimmungen offenbart zugleich das Motiv, die Massen in Übereinstimmung mit einer angeblich unantastbaren kapitalistischen Ordnung zu bringen. Dieses Ziel verfolgt auch die »Systemtheorie« von **Talcott Parsons**. Er gilt als »*einer der bedeutendsten sozialwissenschaftlichen Theoretiker der letzten Jahrzehnte*«.[146] Die Soziologin **Natascha Zeilinger** fasst die Quintessenz seiner Forschung zusammen:

»Die Verinnerlichung von Normen und Werten garantiert die Stabilität von sozialen Systemen. ... Im Vordergrund steht immer die Aufrechterhaltung des sozialen Gleichgewichts.«[147]

Im Kapitalismus gibt es aber kein »soziales Gleichgewicht«, sondern unversöhnliche Klassengegensätze. Um sie zu verschleiern, sollen die Ausgebeuteten Mythen verinnerlichen wie die »soziale Marktwirtschaft«, die Klassenzusammenarbeit durch »Mitbestimmung« oder die angebliche »Gleichberechtigung von Mann und Frau« in der Gesellschaft.

Bürgerliche Soziologie als »Industriezweig«

Zur Manipulation der öffentlichen Meinung ist ein regelrechter soziologischer »Industriezweig« entstanden.

Der weltweite Umsatz von Marktforschungsinstituten lag 2021 bei 119 Milliarden US-Dollar.[148] 6 846 »Denkfabriken«

---

[146] »Parsons, Talcott«, spektrum.de 5. 8. 2024; US-amerikanischer Soziologe, 1902–1979, studierte zuerst Biologie und Nationalökonomie, 1944–1973 Professor für Soziologie an der Harvard University

[147] Natascha Zeilinger, »Gesellschaftstheoretische Annahmen des Strukturfunktionalismus nach Parsons«, grin.com 2016

[148] de.statista.com 12. 1. 2024

gab es weltweit, davon 195 in Deutschland. Sie sind besetzt mit einer Heerschar von Soziologen, Politologen oder Wirtschaftswissenschaftlern.[149] »Denkfabriken« werden definiert als

> »Einrichtung, Institution besonders im Bereich von Wirtschaft und Politik, in der ein großer Stab von Fachleuten ... über wirtschaftliche, politische und gesellschaftliche Probleme nachdenkt, Lösungsvorschläge erarbeitet, neue Ideen zu Konzepten weiterentwickelt, die dann [von Unternehmen, Politikern] in die Praxis umgesetzt werden sollen«.[150]

Ihr eigentlicher Zweck besteht also darin, »Lösungsvorschläge« im Interesse ihrer Auftraggeber auszuarbeiten, der bürgerlichen Parteien, der bürgerlichen Massenmedien und öffentlichen Institutionen oder Rechtfertigungsversuche der Monopolkapitalisten.

Die bürgerlichen Soziologen kreieren »zeitgemäß« ausgefeilte Einschätzungen, Begriffe oder Leitlinien, die zu gängigen Sprachregelungen und Ansichten werden sollen. Zu den Akteuren zählen auch die circa 98 000 bürgerlichen **Politologen**, deren Zahl sich in Deutschland 2022 gegenüber den vorangegangenen zehn Jahren verdoppelt hat.

Täglich treten sie in Nachrichtensendungen und Talkshows auf. Sie etablierten unter anderem den Begriff der »islamistischen Terroristen«. In Wirklichkeit handelt es sich bei den Mitgliedern des Islamischen Staats (IS), der Taliban oder den Anhängern des Dschihad (Heiliger Krieg) um faschistische Gruppierungen, die die Religion missbrauchen, um ihren feudal-faschistischen Charakter zu kaschieren.

So wird die Religion des Islam subtil mit dem menschenverachtenden »Terrorismus« in Verbindung gebracht, damit diffa-

---

[149] faz.net 21.1.2017
[150] duden.de 18.1.2024

miert und Islamophobie befeuert. Der Kern der Sache ist allerdings, den wissenschaftlichen Begriff »Faschismus« tunlichst zu vermeiden. Verbreitet werden dagegen scheinbar »ideologiefreie« und verharmlosende Begriffe wie »Populismus«, »Menschenfeindlichkeit« oder solche, die der antikommunistischen Totalitarismus-Theorie entsprechen wie »Rechts-« und »Linksextremismus«.

Man werfe also manipulative Begriffe wie »Islamismus«, »linker Antisemitismus«, »Rechts-« und »Linksextremismus« sowie »Populismus« als fundamentale Gefahren für die bürgerliche Demokratie in einen Topf, würze diesen Gedankenbrei mit einigen liberalen Floskeln und schon ist die demagogische Rechtfertigung der massiven Faschisierung des Staatsapparats aus dem Hut gezaubert: ein Wunderwerk moderner Soziologie!

Die »Modernisierung« der bürgerlichen Soziologie

Die moderne Soziologie ist heute wesentlicher Teil des **gesellschaftlichen Systems der kleinbürgerlich-intellektuellen Denkweise** geworden. Ihre klassische Methode ist, willkürlich irreführende, oft antikommunistisch ausgerichtete **Begriffe** zu schaffen, als Mainstream auszugeben und zu verbreiten. Sie kann heute nur noch glaubwürdig sein, wenn sie auch Zugeständnisse an fortschrittliche, gesellschaftskritische, antifaschistische oder demokratische Inhalte macht.

Nach der bürgerlichen Soziologin **Annette Treibel** ist zum Beispiel Karl Marx ein soziologischer Klassiker.[151] Doch dann kommt das große ABER:

---

[151] Annette Treibel, »Einführung in soziologische Theorien der Gegenwart«, S.12

»*Die Entwicklungen und die Probleme gegenwärtiger Gesellschaften erfordern ... neue Begriffe, Instrumente und Theorien. Deshalb erscheinen die Erkenntnisse der soziologischen Klassiker ... für eine Analyse der Gegenwartsgesellschaften nur noch bedingt brauchbar.*«[152]

Natürlich hat sich die Welt seit Marx immens weiterentwickelt. Wer seine Lehren heute anwenden will, kann nicht darauf verzichten, Marx' fundamentale Begriffe wie »Kapitalismus« durch neue treffendere Begriffe wie »Imperialismus« zu ergänzen und weiterzuentwickeln. Die moderne Soziologie hingegen verbreitet neue Begriffe und Theorien nur, um die kapitalistische Wirklichkeit zu verschleiern und durch idealistische Traumwelten zu ersetzen. Dazu lieferte bereits einer der führenden Soziologen in Nachkriegsdeutschland, **Helmut Schelsky**, die passende Argumentationslinie:

»*Diese konvergierenden Vorgänge bewirkten einen relativen Abbau der Klassengegensätze ... und führten zu einer sozialen Nivellierung*[153] *in einer verhältnismäßig einheitlichen, kleinbürgerlich-mittelständisch lebenden Gesellschaft*«.[154]

Zielsicher erklärt Schelsky oberflächlich zu beobachtende Erscheinungen zum Wesen des ökonomischen Lebens. Nur weil etwa ein qualifizierter Facharbeiter das gleiche Auto oder ein ähnliches Eigenheim besitzt wie sein Vorgesetzter, bleibt doch die Aneignung fremder Arbeit, das Ausbeutungsverhältnis, unverändert das fundamentale Gesetz in der kapitalistischen Produktion.

---

[152] ebenda

[153] Tendenz zur Angleichung

[154] Helmut Schelsky, »Die skeptische Generation. Eine Soziologie der deutschen Jugend«, S. 223. Für Schelskys Aufstieg zum führenden bürgerlichen Soziologen war seine Mitgliedschaft in der NSDAP und SA kein Hinderungsgrund.

Es entspricht lediglich den Wunschträumen der Schöpfer derartiger Begriffe, die Klassenanalyse des wissenschaftlichen Sozialismus hinter dem neuen Begriff einer *»kleinbürgerlich nivellierten Mittelstandsgesellschaft«* verschwinden zu lassen. Tatsächlich vergrößert sich die Klasse der Lohnarbeiter mit der industriellen Entwicklung weltweit und der Klassenantagonismus verschärft sich.

Dilemma und Krise der bürgerlichen Soziologie

Auf dem 37. Deutschen Soziologenkongress im Jahr 2014 beschäftigte sich die bürgerliche Soziologie notgedrungen mit den Krisen der Gesellschaft. Unter dem verschleiernden Motto »Routinen der Krise – Krise der Routinen«[155] stellte sich der Kongress die Frage, wie die Soziologie mit den vielen Krisen umgehen könne, ohne an Glaubwürdigkeit zu verlieren.

Um keine Depression aufkommen zu lassen, hatte die Soziologin **Jutta Allmendinger** schon am 6. Dezember 2021 ein wahres Loblied auf die damals frisch gewählte Bundesregierung und ihren Koalitionsvertrag gesungen:

»Die Ampel[156] *wird der deutschen Gesellschaft gut tun. Es werden sich mehr Menschen als bisher einbezogen fühlen.«*[157]

Allmendingers Träume zerstoben in kürzester Zeit angesichts der tiefsten Vertrauenskrise, mit der eine deutsche Regierung nach 1949 je zu tun hatte. Im März 2024 waren nur noch rund 18 Prozent der Befragten mit der Bundesregierung zufrieden, gerade mal ein (!) Prozent *»sehr zufrieden«*.[158] Das

---

[155] Stephan Lessenich (Hrsg.), »Routinen der Krise – Krise der Routinen«

[156] Die neue Regierung wurde »Ampel« genannt, weil sie aus Sozialdemokraten (»rot«), Liberalen (»gelb«) und der Partei »Die Grünen« (»grün«) bestand.

[157] Sigrun Rehm, »Soziologin: ›Die Ampel wird der Gesellschaft gut tun‹«, badische-zeitung.de 6.12.2021

[158] de.statista.com 8.3.2024

war nicht verwunderlich! So hatte die Regierung seit ihrem Amtsantritt so gut wie alle fortschrittlichen sozialen und ökologischen Ambitionen des Koalitionsvertrags wegen vermeintlicher Sachzwänge aus den verschiedenen Krisen schwungvoll über Bord geworfen.

Als Grund musste eine »Zeitenwende« herhalten, angeblich hervorgerufen durch den Angriff des neuimperialistischen Russlands auf die Ukraine. Statt des russischen Präsidenten Putin umarmten Politiker der Ampel-Regierung jetzt mit geradezu peinlicher Unterwürfigkeit neue Freunde als verlässliche Geschäftspartner. So die Scheichs von Katar und Saudi-Arabien, den Sultan von Oman, den ägyptischen Militärdiktator und Präsidenten Al-Sisi oder den indischen Hindufaschisten und Premierminister Modi. Den breiten Massen dagegen wurden trotz vollmundiger Ankündigungen die Kriegs- und Krisenlasten sowie die Kosten der »ökologischen Transformation« aufgebürdet. Diese Belastung hat viele entrüstet und einen nicht geringen Teil der Bevölkerung gar gegen den Umweltschutz aufgebracht.

Der Präsident der Ukraine, **Wolodymyr Selenskyj**, wurde mit soziologischer Schützenhilfe zum »heldenhaften Kämpfer für Demokratie und Freiheit« gekürt. Der Soziologe **Ulrich Bröckling** schwärmte in einem Interview, wie Selenskyj *»quasi über Nacht zu einer globalen Autorität«* aufgestiegen sei:

»Bemerkenswert ist, dass er nicht als stählerner Held und martialischer Krieger auftritt, sondern in einer Mischung aus Entschiedenheit, dringlichen Appellen und Zivilität.«[159]

Nur wenig später bröckelte Selenskyjs Mythos, und die bürgerliche Soziologie war ratlos. Die Menschen nahmen die Unterstützung der ukrainischen Regierung immer weniger

---

[159] Harry Nutt, »›Er braucht nicht zu lügen‹: Soziologe erklärt Selenskyjs ›moralische Autorität‹«, fr.de 22. 3. 2022

hin und lehnten zunehmend ihre Kriegsführung ab: Nur *»zwei von fünf Deutschen befürworten weitere Waffenlieferungen ... Die Kriegsmüdigkeit unter den Deutschen lässt sich nicht mehr leugnen«.*[160]

Die **Krise der bürgerlichen Soziologie** lässt sich weder aufhalten noch lösen. Doch die Wirkung ihrer Meinungs- und Gefühlsmanipulationen erledigt sich nicht von selbst. Die Massen brauchen die **wissenschaftliche proletarische Soziologie** als Kompass zum Verständnis der komplizierten gesellschaftlichen Entwicklungen und im Kampf um Befreiung.

2.6. Fragwürdige Theorie und Praxis der bürgerlichen Rechtswissenschaft

Friedrich Engels wies in der gemeinsam mit Karl Kautsky verfassten Schrift »Juristen-Sozialismus« auf das Wesen der ursprünglich fortschrittlichen bürgerlichen *»juristischen Weltanschauung«*[161] hin:

»An die Stelle des Dogmas, des göttlichen Rechts trat das menschliche Recht, an die der Kirche der Staat. Die wirtschaftlichen und gesellschaftlichen Verhältnisse, die man sich früher, weil von der Kirche sanktioniert, als durch die Kirche und das Dogma geschaffen vorgestellt hatte, stellte man sich jetzt vor als auf das Recht begründet und durch den Staat geschaffen.«[162]

Die bürgerliche Gesellschaft erforderte Regeln, die zu jeder Zeit die freie Entwicklung des Kapitalismus ermöglichten.

---

[160] »Nur jeder Vierte hält Sieg der Ukraine noch für realistisch, Waffenlieferungen bei Deutschen umstritten«, ipsos.com 22.2.2024

[161] Friedrich Engels, Karl Kautsky, »Juristen-Sozialismus«, Marx/Engels, Werke, Bd. 21, S. 492

[162] ebenda

Zugleich mussten sie dem immer wieder deklarierten und von den Massen eingeforderten Anspruch der bürgerlichen Revolution nach »Freiheit, Gleichheit, Brüderlichkeit« Rechnung tragen. Dieser Spagat bestimmte von Anfang an die **bürgerliche Rechtswissenschaft**.

Das **bürgerliche Recht** gehört zum politischen und ideologischen **Überbau** der kapitalistischen Gesellschaft und spiegelt die Machtverhältnisse unter kapitalistischen Produktionsverhältnissen wider.

Daraus folgt auf keinen Fall, dass die Arbeiterklasse im Kapitalismus keinerlei Einfluss auf Recht und Gesetz nehmen könnte. Der politische Kampf der Arbeiterklasse um »*die Anerkennung einzelner Interessen der Arbeiter in Gesetzesform*«[163], um demokratische Rechte und Freiheiten, ist notwendig und möglich, um ihre Lage und Kampfbedingungen zu verbessern. Das darf aber nicht zur Illusion führen, dass Rechtsreformen den Kapitalismus in seinen Grundlagen verändern könnten.

Stattdessen ist der **Kampf um bürgerlich-demokratische Rechte und Freiheiten** als Schule der Bewusstseinsbildung der Arbeiterklasse zu begreifen und als Methode, auf die staatlichen Verhältnisse Einfluss zu nehmen. Dieser Kampf bereitet die Arbeiterklasse auch darauf vor, im Sozialismus die politische Macht in die eigenen Hände zu nehmen.

Zwei »Schulen« – eine Grundlinie der bürgerlichen Rechtswissenschaft

In der Geschichte des Rechts konkurrieren auch in der Bundesrepublik Deutschland zwei Hauptrichtungen der bürgerlichen Rechtsvorstellung: die Lehre vom Naturrecht und der Rechtspositivismus. Beide Schulen sind idealistisch, weil sie

---

[163] Karl Marx, Friedrich Engels, »Manifest der Kommunistischen Partei«, Marx/Engels, Werke, Bd. 4, S. 471

die Prägung der Wirklichkeit durch »gesetzte« Ideen annehmen.

Die **Lehre vom Naturrecht** geht von der Vorstellung aus, *»in der Natur wären Recht und Moral immanent«*; die naturgegebenen moralischen Gesetze müssten nur aufgefunden und in juristische Formen gefasst werden.[164] Diese Lehre ignoriert, dass es keine abstrakte Natur *»des Menschen«* gibt, sondern sich die gesellschaftlichen Werte im Lauf der Geschichte und der Gesellschaftsformationen ändern.

Der **Rechtspositivismus** dagegen geht vom »positiven«, das heißt vom Menschen bestimmten Recht aus. Diese Richtung

»vertritt, dass Recht und Moral streng getrennt werden sollten. Recht sei das, was der Gesetzgeber im vorgeschriebenen Verfahren als solches verabschiedet hat.«[165]

Für den Rechtspositivismus ist der **Staat** die »rechtssetzende Autorität«, die Gesetze formell festlegt. Er erklärt das jeweils geltende Recht für unantastbar. Der Rechtspositivismus wurde zur reaktionären Legitimation der bürgerlichen Staatsgewalt.

So rechtfertigte der damalige baden-württembergische Ministerpräsident **Hans Karl Filbinger** (1913–2007) seine Todesurteile gegen aus der faschistischen Wehrmacht desertierte Soldaten, die er als Marinerichter noch kurz vor Kriegsende verfügte, mit den Worten:

»Was damals Rechtens war, das kann heute nicht Unrecht sein.«[166]

---

[164] Erich Satter, »Was bedeutet Naturrecht? – Definition, Bedeutung, Arten & Entwicklung«, juraforum.de 30.8.2023

[165] Das Rechtslexikon, »Rechtspositivismus«, bpb.de

[166] »Affäre Filbinger: ›Was Rechtens war …‹«, Der Spiegel 20/1978

Nur öffentlichen Protesten war es zu verdanken, dass Filbinger am 7. August 1978 zurücktreten musste. Für seine todbringenden Urteile auf der Basis der faschistischen Gesetzgebung wurde er jedoch nie zur Rechenschaft gezogen.

Das undemokratische Verbot der KPD und die antikommunistische Staatsräson

Das Bundesverfassungsgericht beschloss 1956 das bis heute gültige **Verbot der Kommunistischen Partei Deutschlands (KPD)**. Das Verbotsurteil betonte, dass zwar »*in weitem Maße Kritik am Bestehenden*« erlaubt ist. Eine »*reformerisch orientierte Partei*« darf gern auch »*Kampfparolen*«[167] verbreiten. Aber wehe, sie ist revolutionär und beruft sich auf den wissenschaftlichen Sozialismus! Dann trifft sie die »wehrhafte Demokratie« mit ganzer Härte.

Warum schrillten bei den Herrschenden damals die Alarmglocken? Die KPD hatte bereits 1947, also kurz nach Kriegsende, wieder 324 000 Mitglieder, obwohl viele Kommunisten im Faschismus oder im Zweiten Weltkrieg ihr Leben verloren hatten. Sie war sogar viel stärker und besser in den Betrieben verankert als am Ende der Weimarer Republik. Bei den Betriebsratswahlen 1946 in NRW bekam sie 38,8 Prozent, die SPD nur rund 36 Prozent der Stimmen. Das von den Kommunisten initiierte Volksbegehren für einen Volksentscheid über die Einheit Deutschlands bekam im Frühjahr 1948 14,8 Millionen Stimmen aus allen Besatzungszonen. 1949 zogen Abgeordnete der KPD mit 5,7 Prozent der Stimmen (1 361 706 Wählerinnen und Wähler) in den ersten deutschen Bundestag ein. Diese Entwicklung und der antikommunistische Kalte Krieg bewegten die CDU-Regierung, im Jahr 1954 die Freie Deut-

---

[167] Bundesverfassungsgericht, Urteil vom 17. 8. 1956, AZ 1 BvB 2/51

sche Jugend (FDJ) und 1956 die KPD von dem 1951 gegründeten Bundesverfassungsgericht verbieten zu lassen.

Dies geschah jedoch unter bewusster Umgehung vieler zuvor für rechtsstaatlich erklärter Normen. Das KPD-Verbot folgte offensichtlich einer höheren Instanz als dem viel gerühmten »Rechtsstaat«. Der Historiker **Josef Foschepoth** bilanziert in seinem Buch »Verfassungswidrig!«:

»So bleibt die Erkenntnis, dass nach all den geheimen Treffen, Absprachen und Rechtsbrüchen der beiden staatlichen Gewalten das mündliche Verfahren gegen die KPD niemals hätte eröffnet werden dürfen und können, wenn dies der Öffentlichkeit bekannt geworden wäre.«[168]

Das Verbot der KPD war auch keineswegs mit Straftaten begründet oder gar mit terroristischen Aktivitäten, die es damals tatsächlich nicht gab. Es bezog sich ausdrücklich auf die sozialistischen und kommunistischen Ziele der Partei, die Weltanschauung des Marxismus-Leninismus und die politische Überzeugung der KPD-Mitglieder. Foschepoth resümiert:

»Die Kommunistische Partei wurde ›nach ihren Zielen‹, nicht etwa ›nach dem Verhalten ihrer Anhänger‹ und schon gar nicht dafür verboten, dass sie nachweislich ›den Bestand der Bundesrepublik Deutschland‹ gefährdeten, wie es im Grundgesetz heißt.«[169]

Damit erhielt der **Antikommunismus als neue Staatsreligion** der BRD seine höchstrichterliche Weihe. Der in Westdeutschland nun herrschende »demokratische Rechtsstaat« bekämpfte und unterdrückte als selbst **ernannte »wehrhafte Demokratie«** alles und jeden, was nur entfernt mit der

---

[168] Josef Foschepoth, »Verfassungswidrig! Das KPD-Verbot im Kalten Bürgerkrieg«, S. 228

[169] ebenda, S.270

KPD zu tun hatte. Die gesamte Gesellschaft, vom Schulwesen über Sportverbände bis hin zu öffentlicher Verwaltung und Massenmedien, wurde strikt antikommunistisch ausgerichtet.

1992 bekräftigte das Bundesverfassungsgericht ganz in diesem Sinn die undemokratischen Unvereinbarkeitsbeschlüsse der IG Metall gegen Marxisten-Leninisten. Anlass war die Klage von Stefan Engel, damaliger Parteivorsitzender der MLPD, gegen seinen Ausschluss aus der IG Metall. Seine besondere »Gefährlichkeit« begründete das Gericht mit einem juristischen Salto Mortale, gerade weil ihm keinerlei gewerkschaftsfeindliches Verhalten nachgewiesen werden konnte:

»Seine nicht anzuzweifelnde Loyalität gegenüber der Gewerkschaft kann angesichts der Fernziele der MLPD als taktisches Verhalten gewürdigt werden.«[170]

Damit war es amtlich! Stefan Engels Loyalität zur Gewerkschaft ist unzweifelhaft. Trotzdem: Als führendem Marxisten-Leninisten darf man ihm unehrliches Verhalten unterstellen – ohne jeden Beweis. Selbst nach bürgerlich-demokratischem Verständnis war das eine grobe Rechtsbeugung. In Wirklichkeit gehören Engels tagtägliche positive Gewerkschaftsarbeit und seine sozialistischen »Fernziele« der Befreiung der Arbeiterklasse vom System der Lohnarbeit und der bürgerlichen Staats- und Familienordnung auf das Engste zusammen.

Auch aus Protest gegen die antikommunistische Hetzjagd der IG-Metall-Führung nahm die damalige Gewerkschaft IG Medien Stefan Engel rückwirkend bis zum Tag seines Eintritts in die Gewerkschaft Bau Steine Erden als Mitglied auf. Im Jahr 2024 ehrte ihn die Gewerkschaft ver.di für seine durchgängige 50-jährige Mitgliedschaft. Ein starkes Signal der überparteilichen Einheitsgewerkschaft! Das war zugleich

---

[170] Bundesverfassungsgericht, Beschluss vom 21.12.1992, AZ 1 BvR 1537/90

nicht nur eine Ohrfeige gegen das antikommunistische Gebaren der IG-Metall-Führung, sondern auch gegen die bundesdeutsche Klassenjustiz.

Demokratische Errungenschaften und die Fiktion vom »Rechtsstaat«

In Deutschland sind sämtliche Lebensbereiche der modernen kapitalistischen Gesellschaft umfassend rechtlich geregelt – von der Wiege bis zur Bahre. 2022 galten 1 773 Bundesgesetze mit 50 738 Einzelnormen sowie 2 795 Rechtsverordnungen mit 42 590 Einzelnormen. Die Zahl der Rechtsakten der Europäischen Union wird auf über 30 000 geschätzt.

Laut **Paul Kirchhof**, ehemaliger Richter am Bundesverfassungsgericht, gilt in Deutschland das Prinzip des »*demokratische(n) Rechtsstaat(s)*«, in dem die freiheitlich-demokratische Grundordnung

»*jegliche Gewalt-, und Willkürherrschaft*« ausschließt und eine »*rechtsstaatliche Herrschaftsordnung auf der Grundlage der Selbstbestimmung des Volkes*«[171] garantiert.

Tatsächlich nahm der neue Staat nach dem Zweiten Weltkrieg wichtige bürgerlich-demokratische Rechte und Freiheiten als Lehre aus dem Hitler-Faschismus ins Grundgesetz und in die Gesetzgebung der BRD auf. Dem tiefen antifaschistischen Bewusstsein der Bevölkerung in Deutschland musste Rechnung getragen werden. Millionen Menschen auf der Welt wünschen sich solche – zumindest auf dem Papier existierende – Rechte und Freiheiten: zu demonstrieren, frei zu sprechen, sich zu organisieren, zu streiken, gleichberechtigt zu leben oder nach politischer Verfolgung in einem anderen Land Asylrecht zu genießen. Diese Rechte und Freiheiten müssen gegen jede Rechtsentwicklung und jede Tendenz zum

---

[171] Paul Kirchhof, »Grundkurs Verfassungsrecht I«, Sommersemester 2012

Faschismus entschlossen **verteidigt, erweitert und aktiv genutzt** werden.

Doch der Grundsatz »Alle Macht geht vom Volk aus« wird unter kapitalistischen Bedingungen immer eine Illusion bleiben. Viele erkämpfte demokratische Rechte und Freiheiten haben deutsche Regierungen in den letzten Jahrzehnten eingeschränkt, so das Asylrecht, das Fernmeldegeheimnis, die Versammlungs- und Demonstrationsfreiheit, das Recht auf freie Meinungsäußerung sowie das Recht auf Unverletzlichkeit der Wohnung.

In besonderem Maß obliegt dem **Bundesverfassungsgericht** als oberste Instanz des »Rechtsstaats« die Aufgabe der Vertrauensbildung. In der öffentlichen Meinung gilt dieses Organ als Korrektiv zu Parlament und Regierung.

Es kann Gesetze und staatliche Maßnahmen aufheben oder einschränken, Rechtsnormen »fortbilden«, es entscheidet im Streit zwischen Verfassungsorganen und kann im Bereich der »wehrhaften Demokratie« selbst weitgehende Entscheidungen treffen. Diese binden alle staatlichen Stellen und prägen neue gesellschaftliche Sprachregelungen und Normen. So nimmt das Bundesverfassungsgericht auch Einfluss auf die Gesetzgebung und die Regierungspolitik.

Entgegen dem hohen Ansehen des Bundesverfassungsgerichts als Hort der Gerechtigkeit gibt es zahlreiche Meilensteine seiner reaktionären Entwicklung. So 1975 die Aufhebung der Bundestagsbeschlüsse zur Liberalisierung des Rechts auf Schwangerschaftsabbruch auf Druck der katholischen Kirche. Außerdem die ausdrückliche Bestätigung der Säuberung von Kommunisten aus dem Staatsdienst. Aus der Defensive heraus sah sich das Bundesverfassungsgericht später bemüßigt, einigen fortschrittlichen Anliegen Gehör zu verschaffen. So fällte es 1985 den »Brokdorfbeschluss«, mit dem das Verbot der Demonstration von 50 000 Menschen in

Brokdorf gegen den Bau eines Atomkraftwerks durch eine untere Instanz aufgehoben wurde.

Im Gegensatz zum anhaltend gültigen KPD-Verbot wies das Bundesverfassungsgericht 2017 den **Antrag auf Verbot der faschistischen NPD** ab. Sie sei zwar »wesensverwandt mit dem Nationalsozialismus«, gefährde aber nicht ernsthaft den Bestand der Bundesrepublik Deutschland.

Dieses Urteil wirkte wie ein Freifahrtschein für faschistische Aktivitäten und die Verbreitung faschistischer Propaganda. Im Gefolge dieses Urteils bekamen nicht zuletzt faschistische Parteien wie die Alternative für Deutschland (AfD) Aufwind. Sie wurde bei den Landtagswahlen 2024 erstmals stärkste Partei im Land Thüringen. Das steht dem Potsdamer Abkommen diametral entgegen.

Die Krise der bürgerlichen Juristerei

Inzwischen verliert die **Lebenslüge vom »Rechtsstaat«** erheblich an Bindungskraft. Die Redensart *»Recht haben und Recht bekommen ist immer noch zweierlei«* ist inzwischen allgemeine Volksweisheit. 2024 kam eine Untersuchung zu verheerenden Umfrageergebnissen:

»Nur 32 Prozent geben an, dass sie großen Respekt vor Richtern haben. Nur 30 Prozent glauben, dass die Gerichte gewissenhaft und gründlich arbeiten. Und lediglich 27 Prozent möchten sich darauf verlassen, dass bei Gerichten alles mit rechten Dingen zugeht.«[172]

Die bürgerliche Rechtswissenschaft und Rechtsprechung ist in eine **Krise** geraten, insbesondere weil sie an Glaubwürdigkeit unter den Massen eingebüßt hat.

Einer verstärkten Internationalisierung von Produktion und Handel steht heute der hauptsächlich nationale Charakter

---

[172] Charlotte Hoppen, »Roland Rechtsreport 2024. Die Deutschen kritisieren ihre Justiz«, lto.de 12. 3. 2024

des bürgerlichen Rechts in konkurrierenden Nationalstaaten entgegen:

Einerseits drängen die imperialistischen Mächte und ihre Institutionen wie G7, G20, Internationaler Währungsfonds (IWF), Weltbank oder EU auf eine Internationalisierung der Rechtsverhältnisse, was die Krise des herkömmlichen Rechtswesens weiter vertieft. Andererseits erkennen eine Reihe von Ländern der Welt den von der UNO ins Leben gerufenen Internationalen Gerichtshof in Den Haag nicht an – so die USA, Israel, Indien, Russland oder China.

Der fortschrittliche Stimmungsumschwung unter den Massen befeuert die Krise der Rechtswissenschaft. Zahlreiche, oft auch erfolgreiche Prozesse für Arbeiter-, Flüchtlings- oder Frauenrechte, für Klimaschutz oder Parteienrechte dokumentieren gewachsenes Selbstbewusstsein dieser Bewegungen. Ebenso ein größeres demokratisches Selbstverständnis von Juristen und auch wachsende Widersprüche innerhalb des Staats- und Justizapparats.

Die Rolle des bürgerlichen Rechtssystems im System der kleinbürgerlichen Denkweise

Vor allem seit den 1990er-Jahren fördert die deutsche Justiz das gesellschaftliche System der **kleinbürgerlichen Denkweise**. Eine seiner wesentlichen Leitlinien ist der Mythos *»vor dem Gesetz sind alle gleich«*. Formelle Gleichheit bedeutet jedoch in einer Klassengesellschaft reale Ungleichheit! Treffend polemisierte der Dichter **Anatole France** schon 1894:

»Das Gesetz in seiner majestätischen Gleichheit verbietet es Reichen wie Armen, unter Brücken zu schlafen, auf Straßen zu betteln und Brot zu stehlen.«[173]

---

[173] Anatole France, französischer Dichter und Historiker, 1921 Nobelpreisträger für Literatur, in: »Die rote Lilie«, 1894, aphorismen.de

Der Jurist und Journalist **Ronen Steinke** hat das Alltagsgeschäft der Strafjustiz und die gesellschaftliche Realität der formaljuristischen Gleichheit untersucht und kam zu ebenso eindeutigen Ergebnissen:

»*Je teurer der Verteidiger, desto unschuldiger wird der Angeklagte ... Je prekärer die Lebensumstände, desto strenger entscheiden Richter ... Je vermögender man ist, desto billiger kommt man davon ... Wer prekär lebt, wird häufiger präventiv eingesperrt.*«[174]

Um die »Gerechtigkeit« und »Ausgewogenheit« der Gerichte in der Öffentlichkeit zu untermauern, fällen die Gerichte immer häufiger Urteile mit tatsächlichen, oft nur kosmetischen Verbesserungen im Detail. Dabei werden natürlich die reaktionären Grundlinien beibehalten. Durch die differenzierte Rechtsprechung können sich auch Kritikerinnen und Kritiker ein kleines Stück weit als Sieger wähnen.

1994 legitimierte das Bundesverfassungsgericht **Auslandseinsätze** der Bundeswehr. Den Einwand, bewaffnete Überfälle auf andere Länder verstießen gegen das Völkerrecht und gegen Artikel 26 des Grundgesetzes (Verbot von Angriffskriegen), wischte es vom Tisch. Schließlich handle die Regierung ja im Rahmen von »*Systemen gegenseitiger kollektiver Sicherheit*«[175], womit die Mitgliedschaft in der NATO gemeint war.

Der Anspruch der **Gewaltenteilung** nach Artikel 20 des Grundgesetzes erweist sich offen als Farce. Denn das allein herrschende internationale Finanzkapital teilt seine Macht nicht. Immer häufiger wird offenkundig, dass die Gesetzgebung (Legislative), die vollziehende Gewalt (Exekutive) und die Rechtsprechung (Judikative) ihre Dienstleisterfunktion

---

[174] Ronen Steinke, »Vor dem Gesetz sind nicht alle gleich«, S. 7-9

[175] »Vor 25 Jahren: Bundesverfassungsgericht billigt Auslandseinsätze«, bpd.de 8. 7. 2019

für die Monopole nur mit verteilten Rollen und in unterschiedlichen Formen ausüben.

Verschärfte Rechtsentwicklung

Wenn die Macht der herrschenden Monopole bedroht ist, gehen nach allen geschichtlichen Erfahrungen bürgerliche Staaten zu **jeder Art von Willkür und offener Gewalt** über.

1968 wurden in Deutschland gegen heftige Massenproteste **Notstandsgesetze** beschlossen. Diese garantieren dem bürgerlichen Staat bereits die »Freiheit«, bürgerlich-demokratische Rechte weitestgehend außer Kraft zu setzen, ohne die bürgerliche Demokratie insgesamt abschaffen zu müssen.

Im Zuge der gesellschaftlichen Rechtsentwicklung nehmen Staaten gegen fortschrittliche und revolutionäre Kräfte immer häufiger **Überwachungs-, Diffamierungs- und Kriminalisierungsmaßnahmen** vor, die teils selbst bürgerlichem Recht widersprechen und faschistoide Züge annehmen.

2018 wurden in Deutschland **Landespolizeigesetze** verschärft, die **Vorbeugehaft** wurde wieder eingeführt, ebenso die **Schleierfahndung**. Die Möglichkeiten zur Überwachung der Bevölkerung wurden drastisch ausgeweitet. Gesinnungsurteile wie im Münchener »Kommunistenprozess« sind wieder gang und gäbe. Grenzkontrollen wurden verschärft und mit besonders reaktionären bis zu faschistischen Methoden wird gegen Flüchtlinge mit dem absurden Vorwurf der illegalen Migration vorgegangen. Schritt um Schritt werden das Asylrecht und die Genfer Flüchtlingskonvention ausgehöhlt.

Während der Corona-Pandemie setzten Bundeskanzlerin Merkel und Ministerpräsidenten von Bundesländern in einer Art **Notverordnungsregime** weitgehende Einschränkungen bürgerlich-demokratischer Rechte und Freiheiten durch. Selbst der frühere Präsident des Bundesverfassungsgerichts,

Hans-Jürgen Papier, nannte das neue Organ ein »*paralegales Entscheidungsgremium*«.[176]

2023/24 schränkten Regierung und Polizei das Demonstrationsrecht zur Unterstützung des palästinensischen Befreiungskampfs gegen den mörderischen Krieg Israels in Gaza massiv ein oder hebelten es ganz aus. Unter dem Vorwand einer vermeintlichen »Staatsräson« zur Unterstützung des Staats Israel verboten sie Demonstrationen, ließen diese von Polizeiaufmärschen drangsalieren und Teilnehmerinnen und Teilnehmer massenhaft observieren und festnehmen. Flugblätter wurden beschlagnahmt und sogar Solidaritätsorganisationen verboten. Und dies alles unter der heuchlerischen Flagge des Kampfs gegen den Antisemitismus, obwohl die internationalistische Solidarität mit dem palästinensischen Volk damit überhaupt nichts zu tun hat!

2024 schlug der ultrarechte CDU-Chef Merz eine »**nationale Notlage**«[177] vor, um in der Asylgesetzgebung EU-Recht brechen zu können und Flüchtlinge an der Grenze abzuweisen. Die politische Rechtsentwicklung vertieft die krisenhafte Entwicklung des bürgerlichen Rechtswesens und erschüttert den Glauben in die »demokratische Grundordnung« und den »Rechtsstaat«.

Der Kampf der Arbeiterklasse um demokratische Rechte und Freiheiten

Die Bedeutung des Kampfs um Erhalt und Erweiterung demokratischer Rechte und Freiheiten der Arbeiterklasse und der breiten Massen wächst. Dieser Kampf ist von strategischer Bedeutung. Lenin wies darauf hin:

---

[176] »Papier fordert Konsequenzen aus Pandemie«, zdf.de 7. 4. 2024
[177] Pitt von Bebenburg, »Vergifteter Vorschlag«, fr.de 28. 8. 2024

»Die Arbeiter brauchen die Freiheit, um einen umfassenden Kampf für die völlige Befreiung der Arbeit vom Joch des Kapitals, für die Beseitigung jeder Ausbeutung des Menschen durch den Menschen, für die sozialistische Gestaltung der Gesellschaft zu entfalten.«[178]

Von 2018 bis 2021 gingen in Deutschland Zehntausende gegen reaktionäre Neufassungen der **Polizei- und Versammlungsgesetze** auf die Straße. Die Kritik am stark eingeschränkten Streikrecht wächst.

Die MLPD und das »Internationalistische Bündnis«[179] konnten innerhalb von fünf Jahren, begleitet von außergerichtlichen Massenaktivitäten, circa 100 positive rechtliche Entscheidungen gegen die Einschränkung des Demonstrationsrechts und der Rechte der Partei erwirken. Sie leisteten damit einen wichtigen Beitrag zur Verteidigung und Weiterentwicklung demokratischer Rechte und Freiheiten aller Kommunisten, Antifaschisten und Demokraten.

Für die antifaschistische Bewegung in Deutschland war das von der MLPD vor Gericht erstrittene Recht bedeutsam, den führenden Demagogen der AfD, Björn Höcke, als »Faschisten« zu bezeichnen. Weitere Prozesse endeten mit der Bekräftigung des Rechts auf Unterstützung von Befreiungskämpfen des kurdischen oder palästinensischen Volks. Gegen antikommunistische Unterdrückungsversuche erstritt die MLPD das Recht, auf Demonstrationen als Partei der sozialistischen Alternative »Flagge zu zeigen«. Kolleginnen und Kollegen erstritten wichtige Urteile gegen politisch motivierte Kündigungen oder andere Repressalien in Betrieben.

---

[178] Lenin, »Entwurf eines Aufrufs an die Wähler«, Werke, Bd. 11, S. 297

[179] ein Zusammenschluss fortschrittlicher, internationalistischer, antifaschistischer, (klassen)kämpferischer, ökologischer und revolutionärer Kräfte in Deutschland

Weltweit gibt es demokratische Errungenschaften im internationalen Völkerrecht, Staaten schließen internationale Konventionen ab zur Verurteilung von Völkermord oder anerkennen Kämpfe um nationale und soziale Befreiung gegen faschistische und Militärdiktaturen.

Entscheidend ist aber nicht der konkrete Ausgang jedes einzelnen Verfahrens. Es gilt vielmehr, dem berechtigten Streben der Massen nach Gerechtigkeit, Demokratie und Freiheit Stimme und Gehör zu verschaffen, juristische Kämpfe in die Schule des Klassenkampfs einzubeziehen, mit der Auswertung von Erfolgen und Niederlagen ihr Selbstbewusstsein zu stärken und die Realität der Klassenjustiz zu verarbeiten.

Die Arbeiterklasse muss bewusst mit allen Einflüssen der kleinbürgerlich-legalistischen Denkweise fertigwerden und die Kritik am bürgerlichen Rechtswesen in ihr proletarisches Klassenbewusstsein aufnehmen.

Recht im Sozialismus und Kommunismus

Im Sozialismus, der Übergangsgesellschaft zum Kommunismus, hat das **sozialistische Recht** abzusichern, dass die alten kapitalistischen Machthaber niedergehalten werden und Ausbeutung und Unterdrückung nicht wieder herstellen können.

Das sozialistische Rechtswesen ermöglicht der Arbeiterklasse und den Massen eine breite Demokratie und schützt ihre Rechte. Zu deren Ausübung gehört die tatsächliche Kontrolle der Denkweise der Verantwortlichen in der Partei-, Staats- und Wirtschaftsführung. Dafür muss die Diktatur des Proletariats ein System der Selbstkontrolle – der Kontrolle von unten, der unabhängigen Kontrolle von oben und der Selbstkontrolle der Verantwortlichen – durchsetzen.

Lenin legte großen Wert auf die Herausbildung des sozialistischen Rechts und der sozialistischen Gerichtsbarkeit beim

Aufbau der Sowjetunion. Lenin war wie Marx ein studierter Jurist, er merkte an:

»*Mag man darüber zetern, daß wir das alte Gericht, statt es zu reformieren, sofort zum alten Eisen geworfen haben. Wir haben auf diese Weise die Bahn frei gemacht für ein wirkliches Volksgericht, und nicht so sehr durch Gewaltmaßnahmen als vielmehr durch das Beispiel der Massen, durch die Autorität der Werktätigen ... haben wir das Gericht aus einem Werkzeug der Ausbeutung zu einem Werkzeug der Erziehung auf der festen Grundlage der sozialistischen Gesellschaft gemacht.*«[180]

Nach Lenins Tod kam es allerdings in der sozialistischen Gesellschaft der Sowjetunion zu schweren Fehlern und teilweise auch zu Verbrechen von Personen oder Institutionen. Unmittelbar nach der Oktoberrevolution verabschiedete der 2. Sowjetkongress am 26. Oktober 1917 das Dekret »Zur Abschaffung der Todesstrafe«. Das war ein gigantischer Fortschritt gegenüber den imperialistischen Ländern, die allesamt die Todesstrafe anwendeten. Während des Kriegs zur Abwehr der Konterrevolution und des imperialistischen Interventionskriegs von 14 Ländern 1918 bis 1920 mussten die Revolutionäre die Todesstrafe wieder einführen. Doch schon im Januar 1920 wurde sie unter Führung Lenins wieder abgeschafft. Lenin erklärte:

»*Der Terror wurde uns durch den Terrorismus der Entente aufgezwungen ... Sobald wir aber den entscheidenden Sieg errungen hatten, noch vor Beendigung des Krieges ... verzichteten wir auf die Anwendung der Todesstrafe*«.[181]

---

[180] Lenin, »Bericht über die Tätigkeit des Rats der Volkskommissare 11. (24.) Januar«, Werke, Bd. 26, S. 464

[181] Lenin, »Bericht über die Arbeit des Gesamtrussischen Zentralexekutivkomitees«, Werke, Bd. 30, S. 318

Doch neuer konterrevolutionärer Terror, mit imperialistischen Kräften aus dem Ausland verbunden, zwang die Revolutionäre, die Todesstrafe im Mai 1920 als »außerordentliche« und befristete Sondermaßnahme wieder einzuführen.

Es erwies sich aber als verhängnisvoller Fehler der sowjetischen Führung, die Todesstrafe auch in Friedenszeiten dauerhaft beizubehalten.

Die neue sowjetische Bourgeoisie, die auf dem XX. Parteitag der KPdSU 1956 die Macht übernahm, tarnte dann ihr **bürgerlich-revisionistisches Recht** als »Recht des ganzen Volkes«. Es gibt aber im Sozialismus kein »einheitliches Volk«, sondern immer noch unterschiedliche Klasseninteressen und imperialistische Bedrohung von außen. Wesentliche Lehren zog daraus die Volksrepublik China unter Mao Zedong. Recht wurde unter den Massen ausdrücklich nur »*subsidiär*«[182] angewandt, erst wenn die proletarischen Mittel der Auseinandersetzung nicht ausreichten.

»Der Kampf zur Überwindung des bürgerlichen Rechts im Sozialismus«[183] wurde als eine entscheidende Leitlinie des Übergangs vom Sozialismus zum Kommunismus erkannt. Mao Zedong ging mit Marx und Lenin davon aus, dass im Sozialismus noch **Reste bürgerlichen Rechts** bestehen.

Das bürgerliche Recht muss beim sozialistischen Aufbau zielstrebig überwunden werden. Recht im staatlichen Rahmen, wie es die meisten kennen, wird dann absterben.

Auch in der klassenlosen kommunistischen Gesellschaft, wie Marxisten-Leninisten sie anstreben, werden Regeln und Leitlinien notwendig bleiben. Gesellschaftliche Widersprüche

---

[182] unterstützend, hilfsweise; »Studien zum chinesischen Recht«, Bd. II, S. 34

[183] Willi Dickhut, »Der staatsmonopolistische Kapitalismus in der BRD«, Bd. II, S. 507

werden dann auf Grundlage der kommunistischen Erziehung und mit einer proletarischen Streitkultur gelöst werden.

Staat und Recht sterben im Übergang von der sozialistischen zur kommunistischen Gesellschaft nach und nach ab. Sie machen Platz für eine freiwillige Gemeinschaft der Menschen, die ihr Leben bewusst als soziale Wesen mit der Arbeit als erstem Lebensbedürfnis und im Einklang mit der Natur gestalten.

3. Die Krise der bürgerlichen Kultur

3.1. Die zwiespältige Rolle der Kultur in der bürgerlichen Gesellschaft

Kultur ist elementar im Leben der Menschen. Karl Marx äußerte schon 1867 ein wichtiges Argument im Kampf um die Verkürzung der Arbeitszeit:

»*Der Arbeiter braucht Zeit zur Befriedigung geistiger und sozialer Bedürfnisse, deren Umfang und Zahl durch den allgemeinen* **Kulturzustand** *bestimmt sind.*«[184]

Kultur wird im bürgerlichen Sprachgebrauch meist eingeengt auf Musik, Theater, Tanz, Literatur, Malerei, Film und Fotografie, produziert durch Kulturschaffende. Der von Marx benannte »*Kulturzustand*« berührt aber weit darüber hinaus alle Seiten des Lebens: die Arbeitsproduktivität, die Formen von Erholung und Freizeit, die Ess- und die Wohnkultur, die Streitkultur, die Sprache und andere Formen der

---

[184] Karl Marx, »Das Kapital«, Marx/Engels, Werke, Bd. 23, S. 246 – Hervorhebung Verf.

Kommunikation, die Art und Weise, Ereignisse im Leben wie Geburt, Tod, Geburtstage zu begehen, die zwischenmenschlichen Umgangsformen und Traditionen, die Kleidung und die äußere Erscheinung der Menschen und vieles mehr.

Die Fähigkeiten der menschlichen Sinne sind sowohl an natürliche als auch an gesellschaftliche Voraussetzungen und deren Entwicklung gebunden. Marx bezeichnete deshalb das menschliche Wesen als »*Ensemble der gesellschaftlichen Verhältnisse*«[185] und betonte seine sich mit der Gesellschaft entwickelnden Fähigkeiten, kulturelles Empfinden herauszubilden:

»*Erst durch den gegenständlich entfalteten Reichtum des menschlichen Wesens wird der Reichtum der subjektiven **menschlichen** Sinnlichkeit, wird ein musikalisches Ohr, ein Auge für die Schönheit der Form, kurz, werden erst menschlicher Genüsse fähige **Sinne**, Sinne, welche als **menschliche** Wesenskräfte sich bestätigen, teils erst ausgebildet, teils erst erzeugt.*«[186]

Die kulturellen Aktivitäten schärfen also auch die **menschliche Sinnlichkeit**. Daraus ergibt sich die allgemeine Bedeutung der Kultur für die Entwicklung der Menschheit. Friedrich Engels sah mit der industriellen Großproduktion wesentliche materielle Voraussetzungen revolutionärer Veränderungen, damit die Massen am kulturellen Erbe der Menschheit teilhaben können.

Über die dialektische Wechselbeziehung von Gesellschaft und Kultur schreibt Mao Zedong:

»*Eine bestimmte Kultur (als Ideologie betrachtet) ist die Widerspiegelung der Politik und Wirtschaft einer bestimmten Gesellschaft; die Kultur übt aber wiederum einen großen Ein-*

---

[185] Karl Marx, »Thesen über Feuerbach«, Marx/Engels, Werke, Bd. 3, S. 534

[186] Karl Marx, »Ökonomisch-philosophische Manuskripte aus dem Jahre 1844«, Marx/Engels, Werke, Bd. 40, S. 541

fluß und eine gewaltige Einwirkung auf die Politik und Wirtschaft der gegebenen Gesellschaft aus«.[187]

Bürgerliche und proletarische Kultur

Kultur ist immer **zeit- und klassenbezogen.** Dazu schreibt Mao Zedong:

»In der Welt von heute ist jede Kultur, jede Literatur und Kunst einer bestimmten Klasse zugehörig, einer bestimmten politischen Linie verpflichtet. Eine Kunst um der Kunst willen, eine über den Klassen stehende Kunst ... gibt es in Wirklichkeit nicht.«[188]

Die heutige **bürgerliche Kultur** dient der Rechtfertigung und allenfalls angenehmen Ausgestaltung der Ausbeutung, der bürgerlichen Herrschaft und der damit verbundenen Lebensverhältnisse.

Die **proletarische Kultur** dient ihrer Überwindung, dem Aufbau einer Gesellschaft ohne Ausbeutung und Unterdrückung und einer befreiten und befreienden **kulturvollen Denk-, Arbeits- und Lebensweise.**

Doch beide Richtungen existieren nicht starr voneinander getrennt in der Gesellschaft. Das dialektische Gesetz von **Einheit und Kampf der Gegensätze** prägt das Verhältnis von **bürgerlicher und proletarischer Kultur.**

Lenin wandte sich ausdrücklich gegen einen sektiererischen Proletkult, der die proletarische Kultur starr und abgekapselt der bürgerlichen Kultur und ihrer Geschichte gegenüberstellt. In der Schrift »Über proletarische Kultur« schreibt er:

---

[187] Mao Zedong, »Über die neue Demokratie«, Ausgewählte Werke, Bd. II, S. 396/397

[188] Mao Zedong, »Aussprache in Yenan über Literatur und Kunst«, Ausgewählte Werke, Bd. III, S. 95

»Der Marxismus hat seine weltgeschichtliche Bedeutung als Ideologie des revolutionären Proletariats dadurch erlangt, daß er die wertvollsten Errungenschaften des bürgerlichen Zeitalters keineswegs ablehnte, sondern sich umgekehrt alles, was in der mehr als zweitausendjährigen Entwicklung des menschlichen Denkens und der menschlichen Kultur wertvoll war, aneignete und es verarbeitete.«[189]

Die proletarische Kultur nimmt sämtliche fortschrittlichen und aufklärerischen Errungenschaften aus allen Kulturen der Menschheit und der Menschheitsgeschichte in sich auf, verarbeitet sie kritisch und selbstkritisch und entwickelt sie weiter. Sie wird permanent von der bürgerlichen Kultur inspiriert oder aber gehemmt oder gar zersetzt. Sie bekämpft unversöhnlich alle reaktionäre Kultur und hilft den Massen, mit deren zersetzender Wirkung fertigzuwerden.

Im grundsätzlichen Gegensatz zur bürgerlichen Kultur bezieht sich proletarische Kultur auf das ganze Leben und den Befreiungskampf der Arbeiter und aller vom Imperialismus Unterdrückten.

Diese **Lebenskultur** ist von sozialistischen Prinzipien durchdrungen: Solidarität, Optimismus, Massenverbundenheit, selbstloser Einsatz für die Gesellschaft, höchste Ansprüche, internationalistische Verbundenheit, Experimentierfreudigkeit und Lernfähigkeit.

Das Buch »Der Kampf um die Denkweise in der Arbeiterbewegung« verweist auf die grundsätzliche Bedeutung der Kultur in der Lebensweise:

»Ohne die Organisierung einer proletarischen Lebensweise fehlt der politischen Arbeit eine wesentliche persönliche Grundlage. Diese Lebensweise ist eine Grundbedingung der politischen Arbeit. Darum darf sie sich weder kulturellen Gewohn-

---

[189] Lenin, »Über proletarische Kultur«, Werke, Bd. 31, S. 308

heiten opportunistisch anpassen, noch sich von der allgemeinen Lebensweise der Massen einfach absondern. Es geht darum, eine bescheidene, mit dem Leben der Massen verbundene Lebensführung ohne Negierung berechtigter Bedürfnisse zu organisieren.«[190]

Dem bürgerlichen und kleinbürgerlichen **Kulturbetrieb** geht es im Wesentlichen darum, die bürgerliche Gesellschaft zu idealisieren, sie zu rechtfertigen, erträglich zu gestalten, abzulenken von den Krisen der Zeit und Illusionen oder Resignation zu verbreiten. Dazu stilisiert er Künstlerpersönlichkeiten über die Maßen und überhöht deren Werke. Den Massen wird vornehmlich die Rolle von Statisten oder Konsumenten dieses Kulturbetriebs zugedacht.

Die Förderung kultureller Initiativen der breiten Massen verkümmert. Immer weniger Kinder und Jugendliche lesen regelmäßig Bücher, bewegen sich ausreichend, können schwimmen oder ein Musikinstrument spielen.

Die **kleinbürgerliche Kulturszene** in imperialistischen Ländern schwankt zwischen verzweifelter Kritik und Anpassung an die Lebensweise im Imperialismus. Je mehr Kulturschaffende diese Schwankungen bewusst überwinden und sich vom bürgerlichen und kleinbürgerlichen Kulturbetrieb loslösen, können sie mit ihren kulturellen Fähigkeiten die Arbeiter- und Befreiungsbewegung deutlich bereichern. Das ist von größter Bedeutung, da unter der Arbeiterklasse die kulturellen Fähigkeiten und Mittel vielfach nicht so stark ausgebildet sind wie unter kleinbürgerlichen und bürgerlichen Intellektuellen.

Die proletarische **Kulturarbeit** dient auch der Erhöhung des Lebensstandards der Massen, der Entwicklung und Erho-

---

[190] Stefan Engel, »Der Kampf um die Denkweise in der Arbeiterbewegung«, S. 263

lung ihrer Lebenskräfte und der Förderung und Entfaltung ihrer vielfältigen Talente auf kulturellen Gebieten.

Die proletarische Kultur kann zwar im Kapitalismus nicht über einen »Kulturkampf« oder eine »Kulturoffensive« zur gesamtgesellschaftlich dominierenden Kultur werden. Dennoch übt sie Einfluss auf die bürgerliche Gesellschaft und Kultur aus, stärkt die proletarische Denkweise und die Kampfmoral der Massen und setzt Zeichen für hochwertiges Kulturschaffen.

Aufstieg und Niedergang der bürgerlichen Kultur

Die bürgerliche Kultur nahm nach der bürgerlichen Revolution einen gewaltigen Aufschwung. In ihren Anfängen verkörperte sie den Drang nach Freiheit von den Fesseln der mittelalterlichen und der feudalen Denk-, Arbeits- und Lebensweise. Ihre Leitlinie war der Freiheitsgedanke, der mit dem Sturm der Französischen Revolution durch ganz Europa wehte. Als Anhänger der Dialektik Hegels prägte Goethe wesentlich die neuhochdeutsche Sprache, Beethoven die moderne klassische Musik, von Clausewitz die Militärwissenschaft und bürgerliche Forscher entwickelten die modernen Naturwissenschaften.

Die deutsche Bourgeoisie verwarf bald ihr Freiheitsstreben. So kroch sie erschreckt vor der erstarkenden Arbeiterbewegung zurück ins Bett des Feudaladels, den sie zuvor bekämpft hatte.

Diese reaktionäre Kehrtwendung wurde die Basis für die militaristische und spießbürgerliche Kultur von Preußens Gnaden im 19. Jahrhundert. Sie stand für platte und religiöse Schul- und Lebensweisheiten, Drill, Marschmusik, Trivialliteratur, triefend-spießige Liebes- und Trinklieder.

Doch in dem Maß, wie die entstehende Arbeiterbewegung ihre politische Selbständigkeit gegen die Bourgeoisie entwickelte, entstand ihr eigenes lebendiges, kämpferisches und zukunftsweisendes Kulturgut.

Eine frühe Parteinahme für die Ausgebeuteten war Heinrich Heines Kampfgedicht »Die schlesischen Weber«. Karl Marx und Friedrich Engels setzten mit ihrem »Kommunistischen Manifest« ein kulturelles Welterbe, das die kritische Abrechnung mit dem Kapitalismus scharf und klar mit Polemik auf höchstem literarischen Niveau verbindet. Fortschrittliche Künstler wie Gerhart Hauptmann mit dem Drama »Die Weber«, Heinrich Mann mit Romanen wie »Der Untertan«, Käthe Kollwitz mit ihren Zeichnungen und Grafiken vom Leben und Kampf der Ausgebeuteten, sie alle schufen bedeutende Werke gegen die reaktionäre preußische Kultur.

Nach den Gräueln des imperialistischen Ersten Weltkriegs bestärkte der Aufbau des Sozialismus in der Sowjetunion eine Blüte fortschrittlicher Kultur in der Weimarer Republik. So das von Walter Gropius begründete »Bauhaus«. Die Arbeiter-Illustrierte-Zeitung (AIZ) stellte anschaulich die Kultur der Arbeiterklasse in den Mittelpunkt, erreichte Masseneinfluss mit Auflagen bis zu 500 000. Das proletarische Theater von Erwin Piscator und Bertolt Brecht sah sich programmatisch als »*eine Waffe im geistigen Befreiungskampf der Arbeiter* (gegen) *die bürgerliche Weltanschauung*«.[191]

Nach dem Zweiten Weltkrieg förderte – vor allem in ihren Anfängen – die Regierung der antifaschistisch-demokratischen beziehungsweise sozialistischen DDR das künstlerische Schaffen der Arbeiter und vor allem der Jugend. Betriebe wurden verpflichtet, Räume und Möglichkeiten zur Förderung der proletarischen Kultur zu schaffen. Verwaltungsgebäude wurden mit volksnaher, realistischer Kunst ausgestaltet, Kultur-

---

[191] Kunstamt Kreuzberg und Institut für Theaterwissenschaft der Universität Köln (Hrsg.), »Weimarer Republik«, S. 848

häuser in Städten und Gemeinden gebaut und die Initiative der Landjugend, der Genossenschaftsbauern und Industriearbeiter organisiert. Nach 1946 förderten die Regierungen der Sowjetischen Besatzungszone und dann der DDR intensiv die »Aufbauliteratur«. Neue Romane schilderten positiv den sozialistischen Aufbau und kritisierten auch bürokratische Tendenzen. Differenzierte Charaktere und schöpferische Auseinandersetzungen verarbeiteten lebensnah die Widersprüche des sozialistischen Aufbaus.

In Westdeutschland wurde nach 1945 ein staatlich geförderter Kulturbetrieb aufgebaut. Dabei wurden reaktionäre Strömungen aus den Kirchen und ehemalige faschistische »Kulturförderer«[192] einbezogen. Die neue kulturelle Staatsdoktrin sah ihre Aufgabe im *»Hegen und Pflegen des Schönen, Wahren und Guten.«*[193]

Heimatschnulzen, platte Filmproduktionen und eine verklemmte Sexualmoral idealisierten die kleinbürgerliche Familienidylle oder rückten die treusorgende Obrigkeit und die gottesfürchtigen, braven und heimattreuen Untertanen ins Scheinwerferlicht.

Nach der Änderung der amerikanischen Deutschlandpolitik wütete der offen aggressive Antikommunismus im Kulturbetrieb der ganzen westlichen Welt, insbesondere während der McCarthy-Ära in den USA. Jeder Kulturschaffende, der Sympathien mit dem Sozialismus hegte und ausdrückte, war Mobbing, Strafandrohung und Verfolgung ausgesetzt und musste um seine weitere künstlerische Laufbahn fürchten.

Auch in Westdeutschland agierte und intrigierte der von der CIA gesteuerte »Kongress für kulturelle Freiheit« (CCF) in

---

[192] Süddeutsche Zeitung, 6.6.2021

[193] Kulturpolitische Gesellschaft e.V., Kulturpolitische Mitteilungen Nr. 113, S. 29

hinterhältiger, antikommunistischer Manier. Kulturelle Richtungen wie der sozialistische Realismus wurden diffamiert und verschwanden von der öffentlichen Bildfläche. Andere wie der »abstrakte Expressionismus« wurden zum »letzten Schrei« hochgejubelt.[194]

Aus der sozialistischen Bewegung, besonders dem China Mao Zedongs, gingen vor allem seit den 1960er-Jahren begeisternde Aufrufe zur kulturellen und wissenschaftlichen Massendiskussion und -aktivität um die Welt:

»Die Richtlinie, hundert Blumen blühen und hundert Schulen miteinander wetteifern zu lassen, soll dem Aufblühen der Künste und dem Fortschritt der Wissenschaft, dem Gedeihen einer sozialistischen Kultur in unserem Lande dienen. ... Was in Kunst und Wissenschaft richtig oder falsch ist, soll durch freie Diskussion in den Kreisen der Künstler und Wissenschaftler und durch die praktische künstlerische und wissenschaftliche Arbeit entschieden werden.«[195]

Und diese Ermutigung blieb kein leeres Versprechen! Die Autoren **Elo und Jürg Baumberger** berichten über von der Kommunistischen Partei Chinas geförderte kulturelle Masseninitiativen:

»Diese Belebung der kulturellen Szene fand ihren Niederschlag in zwei Theaterfestivals, die in Peking stattfanden und auf denen die neuen Stücke aufgeführt und kritisch gesichtet wurden ... (Dort) gaben Berufs- und Laienkünstler aus fünf Provinzen 170 Aufführungen ... Die meisten Programme haben in den anschließend an die Vorstellungen geführten Diskussionen den Beifall der vorwiegend aus Laien bestehenden

---

[194] Frances Stonor Saunders, »Wer die Zeche zahlt ... Der CIA und die Kultur im Kalten Krieg« (siehe auch Abschnitt 3.4.)

[195] Mao Zedong, »Über die richtige Behandlung der Widersprüche im Volk«, Ausgewählte Werke, Bd. V, S. 461/462

Zuschauer gefunden. Andere Stücke aber ... wurden scharf kritisiert, als Beispiel dafür, daß die Bourgeoisie auf dem Gebiet des Überbaus alte Positionen wieder einzunehmen versuche.«[196]

Die Bewegung demokratischer Kulturschaffender und die sozialistische Kultur

Der breite Protest gegen die konservative, antikommunistisch erstarrte kapitalistische Nachkriegsgesellschaft und -kultur in Westdeutschland entlud sich auch in einem Bedürfnis nach fortschrittlicher Massenkultur.

Diese Proteste waren hauptsächlich kleinbürgerlich geprägt. Millionen Jugendliche ließen sich die Haare lang wachsen im Gegensatz zu dem stahlhelmgerechten Kurzhaarschnitt, der nach dem Faschismus in den Friseurläden üblich war. Musikrichtungen wie Rock, Jazz, Blues, Punk oder Hip-Hop entwickelten sich weltweit mit dem Protest gegen Rassismus oder auch gegen den imperialistischen Krieg der USA gegen die indochinesischen Völker. Diese Musik bediente sich auch kultureller Elemente der Arbeiterbewegung und der Volksmusik aus verschiedenen Teilen der Welt.

Filmschauspielerinnen und -schauspieler setzten sich mutig gegen Antikommunismus, Faschismus und Rassismus, für Menschen- und Frauenrechte sowie Umweltschutz ein. Der Reigen reicht von Kirk Douglas mit »Spartacus« über Jane Fondas Engagement gegen den Vietnamkrieg, George Clooney in »Good Night, and Good Luck« gegen die antikommunistische Hetzjagd der McCarthy-Ära oder Susan Sarandon mit ihrem Engagement gegen rassistische Fahndungsmethoden der New Yorker Polizei.

---

[196] Elo und Jürg Baumberger, »Beethoven kritisieren! Konfuzius verurteilen! Was geschah in China 1973/74?«, S. 110/111

Für breite Teile der Massen sind **kulturelle Massenevents** heute Höhepunkte ihrer Freizeit und Erholung. Zehntausende genießen bei Festivals, Konzerten, gemeinsamem Tanzen oder Singen das Gefühl der Zusammengehörigkeit und die als frei empfundene Atmosphäre. Konzerte füllen große Stadien. Die mehr oder weniger tiefgehenden Texte werden ausgelassen mitgesungen. Das Bedürfnis, selbst aktiver Teil einer solchen Massenkultur zu sein, wächst.

Zunehmend drängt es eine Vielzahl von Menschen darüber hinaus nach fortschrittlich-demokratischer, antirassistischer, antifaschistischer und internationalistischer Massenkultur. Eine ganze Generation gesellschaftskritischer und scharfzüngiger Kabarettisten entstand. Seit Ende der 1970er-Jahre etablierten sich »Rock gegen Rechts«-Konzerte. Nach den faschistischen Morden und Anschlägen in den 1990er-Jahren positionierten sich zahlreiche prominente Bands und Musiker antifaschistisch und zogen damit Zehntausende Fans an.

Bei allem beeindruckenden demokratischen, antifaschistischen, umweltpolitischen und antirassistischen Engagement bleiben alle diese Künstlerinnen und Künstler doch meist im Rahmen des kapitalistischen Systems. Oft ist ihr Protest politisch fortschrittlich, aber weltanschaulich von der kleinbürgerlich-individualistischen oder auch kleinbürgerlich-fatalistischen Denkweise geprägt.

Konsequente Kritik an der bürgerlichen Kultur und dialektische Förderung einer fortschrittlichen, demokratischen und proletarischen Kultur tragen auf besondere Weise bei, dem Sozialismus neues Ansehen zu verschaffen, ihn revolutionär und kulturvoll zu erkämpfen und aufzubauen.

3.2. Die Rolle der Sprache im weltanschaulichen Kampf

In dem weit gefassten marxistischen Begriff von Kultur ist Sprache ein elementarer Bestandteil, der die unterschiedlichsten Seiten von Kultur durchdringt. Die Sprachwissenschaftlerin **Melanie Malzahn** führt berechtigt aus:

»*Sprache ist eines der wichtigsten menschlichen Ausdrucksmittel ... Sprache hat immer etwas mit Identität und Kultur zu tun ... Sprache ist ein Kommunikationsinstrument zwischen Menschen und damit Ausdruck und Träger von Kultur.*«[197]

Das Zusammenleben und -arbeiten der Menschen, die menschliche Gesellschaft, hätten sich ohne Sprache nicht entwickeln können. Sprachen sind entstanden, erklärte Friedrich Engels, weil »*die werdenden Menschen*« dahin kamen, »*daß sie einander **etwas zu sagen hatten**. Das Bedürfnis schuf sich sein Organ*«.[198]

Zunächst nutzten die Menschen einzelne Wörter, um für sie wichtige Teile der Wirklichkeit zu beschreiben und die gemeinsame Arbeit zu organisieren. Dann wurde die Sprache auch ihr Werkzeug, um Gedanken über die Welt und die Stellung der Menschen in ihr auszudrücken und zu diskutieren.

Seit der Herausbildung der Klassengesellschaften ist Sprache auch Schauplatz des weltanschaulichen Kampfs. Fortschritte in der Arbeitsproduktivität, Verstädterung, Migration und moderne Medien, besonders die Herausbildung von Nationalstaaten förderten die Ausbreitung einheitlicher Sprachen. Sie schufen damit wachsende Möglichkeiten zur Vereinheitli-

---

[197] Sarah Nägele, »Sprache als Spiegel der Kulturen«, medienportal.univie.ac.at 3.4.2020

[198] Friedrich Engels, »Dialektik der Natur«, Marx/Engels, Werke, Bd. 20, S. 446

chung, zur Steigerung der Arbeitsproduktivität und zur Organisierung des gesellschaftlichen Lebens.

Die Flexibilität von Begriffen

Dieselben Begriffe können unterschiedliche Bedeutungen haben oder verschieden verwendet werden. Berufe, Kulturen und Wissenschaften haben eigene Fachbegriffe. Die Denk-, Arbeits- und Lebensweise der Sprechenden und Schreibenden prägt den konkreten Gebrauch der Sprache. Sprache widerspiegelt und schafft zugleich Bewusstsein.

Der **Konstruktivismus** als idealistische Weltanschauung schreibt der Sprache nicht nur Einfluss auf das gesellschaftliche Bewusstsein zu, sondern sogar die unmittelbare Schaffung und Veränderung der materiellen Welt. Der Vizekanzler und Philosoph **Robert Habeck** schrieb:

»Sprache schafft die Welt. Sie ist nie nur Abbildung von ihr, sondern bringt sie immer auch hervor.«[199]

Allerdings kann etwa die Überwindung von Diskriminierung nie allein Ergebnis des Austauschs von Begriffen sein – sondern nur von tatsächlichen Veränderungen in der gesellschaftlichen Wirklichkeit. Selbstverständlich ist es notwendig, diskriminierende Begriffe zu kritisieren und zu ächten. Sie sind eine Form der Unterdrückung, schüchtern ein oder behindern sogar die freie Entfaltung des Denkens und Handelns Betroffener. Mit Begriffen, Redewendungen und sprachlichen Argumentationslinien versucht die Bourgeoisie, das Denken der Massen und die gesellschaftlichen Auseinandersetzungen zu beeinflussen.

So kritisierte schon Friedrich Engels, dass die Bourgeoisie und die bürgerlichen Ökonomen von *Arbeitgebern* und *Arbeit-*

---

[199] Robert Habeck, »Wer wir sein könnten«, S. 9

nehmern sprechen, statt von *Kapitalisten* und *Arbeitern*, und so die kapitalistischen Ausbeutungsverhältnisse auf den Kopf stellen. Er schrieb:

»*Es konnte mir nicht in den Sinn kommen, in das ›Kapital‹ den landläufigen Jargon einzuführen, in welchem deutsche Ökonomen sich auszudrücken pflegen, jenes Kauderwelsch, worin z.B. derjenige, der sich für bare Zahlung von andern ihre Arbeit geben läßt, der Arbeitgeber heißt, und Arbeitnehmer derjenige, dessen Arbeit ihm für Lohn abgenommen wird.*«[200]

Eine prinzipielle Auseinandersetzung um Sprache in der kommunistischen Bewegung

Marx, Engels, Lenin, Stalin und Mao Zedong beschäftigten sich intensiv mit der Sprache. Karl Marx setzte die Sprachbildung in unmittelbare Verbindung zur Bewusstseinsbildung der Menschen. Er und Friedrich Engels charakterisierten Sprache als die »*unmittelbare Wirklichkeit des Gedankens*«.[201]

Lenin befasste sich mit Sprache hauptsächlich im Zusammenhang mit der komplizierten Sprachpolitik in der jungen Sowjetunion als Vielvölkerstaat: Auf der einen Seite brauchte das sozialistische Land für seine Entwicklung eine vereinheitlichte Kommunikation, gleichzeitig lehnte Lenin Russisch als einheitliche Staatssprache ab.[202] Er wollte vielmehr gleichberechtigte Sprachenvielfalt und muttersprachlichen

---

[200] Friedrich Engels, Vorwort zur 3. Auflage von Karl Marx, »Das Kapital«, Erster Band, Marx/Engels, Werke, Bd. 23, S. 34

[201] Karl Marx, Friedrich Engels, »Die deutsche Ideologie«, Marx/Engels, Werke, Bd. 3, S. 432

[202] Lenin, »Liberale und Demokraten zur Sprachenfrage«, Werke, Bd. 19, S. 344 und 346; Lenin, »Kritische Bemerkungen zur nationalen Frage«, Werke, Bd. 20, S. 34; Lenin, »Brief an S. G. Schaumian«, Werke, Bd. 19, S. 494

Unterricht.[203] In ihrer Doktorarbeit schreibt die Slawistin und Sprachforscherin **Silke Jacobs** über die »*sprachpolitische Arbeit Lenins*«:

»In diesen Aussagen formuliert LENIN die Leitlinien für die Sprachplanung in der Frühphase der Sowjetzeit, um der Idee der Gleichberechtigung der Nationen und Sprachen in staatspolitischer, bildungspolitischer, administrativer und kultureller Hinsicht Ausdruck zu verleihen.«[204]

Es gehört zur nationalen Unterdrückung durch imperialistische Länder, Minderheiten zu diskreditieren und ihnen zu verbieten, ihre Muttersprache zu gebrauchen.

Stalin und die Sprachwissenschaft

In den 1950er-Jahren entbrannte in der Sowjetunion eine Massendiskussion um Sprachwissenschaften, angeregt durch einen Artikel und vier veröffentlichte Briefe Stalins in der Prawda im Juni 1950. Dabei leistete Stalin eine grundsätzliche Kritik an der bis dahin unangefochten gültigen und zuvor auch von der Parteiführung geteilten Sprachtheorie, die **Nikolai Jakowlewitsch Marr** (1865–1934) geprägt hatte.

Marr war bereits während des Zarismus Mitglied der Akademie der Wissenschaften und unterstützte nach der Revolution den Aufbau der sozialistischen Sowjetunion. Er unternahm den Versuch, eine marxistische Sprachtheorie zu entwickeln. Kritisiert wurde an Marr und seinen Anhängern, dass sie *Sprache als Teil des Überbaus* einer Gesellschaft bezeichneten, einen unmittelbaren Zusammenhang zwischen der Basis

---

[203] Lenin, »Noch einmal über die Trennung des Schulwesens nach Nationalitäten«, Werke, Bd. 19, S. 545; Lenin, »Ist eine obligatorische Staatssprache notwendig?«, Werke, Bd. 20, S. 59; Lenin, »Demoralisierung der Arbeiter durch verfeinerten Nationalismus«, Werke, Bd. 20, S. 289

[204] Silke Jacobs, »Zur sprachwissenschaftstheoretischen Diskussion in der Sowjetunion: Gibt es eine marxistische Sprachwissenschaft?«, S. 126

einer Gesellschaftsordnung und Sprache herstellten und deshalb Sprache als *Klassensprache* kennzeichneten. Stalin kritisierte, dass die Sprache nach dieser Theorie nicht mehr als ein Reflex auf die Veränderung der ökonomischen Basis einer Gesellschaft wäre.

Er argumentierte, dass sich zumindest die russische Sprache in ihren Grundzügen durch verschiedene Gesellschaftsformen bis hinein in den sozialistischen Aufbau im Wesentlichen konstant erhalten habe:

»Die Geschichte zeigt, daß die Nationalsprachen keine Klassensprachen, sondern Sprachen des gesamten Volkes sind, gemeinsam für die Angehörigen der Nationen und einheitlich für die Nation.«[205]

Zugleich erkannte Stalin an, dass die jeweiligen Klassen die Sprache auch im Klasseninteresse nutzen:

»Sie sind bestrebt, die Sprache in ihrem Interesse auszunutzen und ihr ihren besonderen Wortschatz, ihre besonderen Termini, ihre besonderen Ausdrücke aufzuzwingen. In dieser Hinsicht zeichnen sich besonders die Oberschichten der besitzenden Klassen aus, die sich vom Volk losgelöst haben«.[206]

Stalins Kritik an einer vulgärmaterialistischen Interpretation der Entstehung von Sprache als unmittelbarer Reflex des Überbaus auf die Basis war berechtigt: Zwischen Basis und Überbau besteht kein mechanisches, sondern ein dialektisches Verhältnis. Ebenso berechtigt war die Kritik an der Verabsolutierung als *Klassensprache*, während die gemeinsame, klassenübergreifende Sprache als vereinheitlichendes Moment der Bildung einer Nation von Marr wohl geringgeschätzt wurde.

---

[205] Stalin, »Der Marxismus und die Fragen der Sprachwissenschaft«, Werke, Bd. 15, S. 174

[206] ebenda, S. 175

Doch Stalins Kritik war dennoch einseitig, wenn er strikt ablehnte, dass Sprache zum Überbau gehört und er sie jenseits von Basis und Überbau ansiedelte:

»Man kann die Sprache weder zur Kategorie der Basen noch zur Kategorie der Überbauten rechnen.«[207]

Sprache also als klassenneutrales Phänomen, das über der klassenmäßigen Prägung der Gesellschaft steht? Kurzerhand definiert Stalin die zuvor selbst dargestellte klassenmäßige Nutzung von Sprache durch die Herrschenden als *»Jargons«* und *»Dialekte«*, die man nicht als Sprache bezeichnen dürfe und die kaum gesellschaftlichen Einfluss hätten, weil diese

»jeder sprachlichen Selbständigkeit entbehren und zum Dahinvegetieren verurteilt sind. Zu glauben, Dialekte und Jargons könnten sich zu selbständigen Sprachen entwickeln ... heißt, die historische Perspektive verlieren und die Position des Marxismus verlassen.«[208]

Hier widerspricht Stalin selbst einer Grundposition des Marxismus: dass nämlich *»die herrschenden Ideen einer Zeit ... stets nur die Ideen der herrschenden Klasse«*[209] sind.

Die Herrschaftssprache vegetiert keineswegs nur vor sich hin, sondern wird zum Allgemeingut in der von der bürgerlichen Ideologie mit geprägten Sprache. Entsprechend forderte Lenin 1919/20 die *»Säuberung der russischen Sprache«* von ihrer *»Verhunzung«* durch das *»Kauderwelsch«*, das aus der russischen Gutsbesitzerklasse stammte, aber den allgemeinen Sprachgebrauch beeinflusste.[210]

---

[207] ebenda, S. 203

[208] ebenda, S. 176

[209] Karl Marx, Friedrich Engels, »Manifest der Kommunistischen Partei«, Marx/Engels, Werke, Bd. 4, S. 480

[210] Lenin, »Über die Säuberung der russischen Sprache«, Werke, Bd. 30, S. 288

Gerade die heutige hauptsächliche Herrschaftsmethode des Systems der kleinbürgerlichen Denkweise arbeitet mit einem regelrechten Wörterbuch von Begriffen, die die Wirklichkeit verzerren, die öffentliche Meinung manipulieren und das Klassenbewusstsein zersetzen sollen. Das reicht von Lebenslügen wie der *sozialen Marktwirtschaft* oder der *friedlichen, humanitären und wertebasierten Außenpolitik* bis hin zu irreführenden, aber auch wohltönenden Begriffen für volksfeindliche Maßnahmen wie *Solidaritätssteuer* oder CO_2-*Bepreisung*. Umgekehrt bekämpfen die Herrschenden die vom Klassenstandpunkt der Arbeiter geprägte Sprache des wissenschaftlichen Sozialismus und belegen sie mit einem antikommunistischen Bannstrahl. Das ist der wesentliche Grund dafür, dass sie einem Teil der Massen fremd oder antiquiert erscheint.

Stalins Gegenüberstellung von einheitlicher Nationalsprache und Klassensprache **verstößt gegen das dialektische Gesetz von Einheit und Kampf der Gegensätze**. Natürlich baut die Sprache jeder Entwicklungsstufe einer Nation auf der überlieferten Sprache auf und ist vereinheitlicht auf viele Begriffe, Redewendungen, grammatikalische Vereinbarungen. Doch aus einer neuen Gesellschaftsordnung erwächst auch eine neue Qualität der Sprache: Der in der Gesellschaft vorherrschende Gebrauch der gemeinsamen Sprache, der verwendete Wortschatz, die vorherrschende Deutung der Begriffe und die dominante Weiterentwicklung der Sprache sind immer die der jeweils herrschenden Klasse.

Zugleich entwickelt auch die unterdrückte Klasse ihren Gebrauch der Sprache weiter. Ihre Begriffsbildung und ihre Deutung der Begriffe oder auch das Durchschauen manipulativer Begriffe sind Ausdruck der Bewusstseinsbildung. Darin besteht die **Dialektik von vereinheitlichter Kommunikationsbasis und klassenmotiviertem Charakter** der Sprache.

Letztlich läuft Stalins Kritik auf eine **Geringschätzung des ideologischen Kampfs**, der weltanschaulichen Auseinandersetzung und des Kampfs um die Denkweise hinaus.

Gerade der ideologische Kampf bekam aber in den 1950er-Jahren in der Sowjetunion erhöhte Bedeutung! Vor allem im Kampf gegen die Herausbildung einer neuen bürokratischen Bourgeoisie in der Partei-, Staats- und Wirtschaftsführung, die dann auf dem XX. Parteitag der KPdSU im Februar 1956 die Macht an sich riss.

Die Rechtfertigung dafür erfolgte in Form des modernen Revisionismus. Vordergründig verwenden die modernen Revisionisten die Sprache und Begrifflichkeit des Marxismus-Leninismus, während sie den Inhalt revisionistisch verzerren. So definierten sie etwa den sozialistischen Staat statt als Instrument der Diktatur des Proletariats als einen angeblichen »Staat des ganzen Volkes«.

Mit der phrasenhaften Vulgarisierung, Entstellung und Verdrehung, dazu einem inflationären Gebrauch wissenschaftlicher marxistisch-leninistischer Begriffe schreckte die revisionistische bürokratische Bourgeoisie der Sowjetunion und der DDR die Massen regelrecht vom wissenschaftlichen Sozialismus ab. Zumal die scheinbar lupenreinen Floskeln im Gegensatz zu ihrem praktischen Verhalten standen.

Das Buch »Der Kampf um die Denkweise in der Arbeiterbewegung« verallgemeinert die gewachsene Bedeutung des weltanschaulichen Kampfs. Demnach

»hat sich der Klassenkampf zwischen dem Proletariat und der Bourgeoisie vor allem auf das ideologische Gebiet verlagert. Es geht dabei nicht nur darum, was die Massen denken, viel mehr noch ist die ideologische Meinungsmache darauf

*ausgerichtet, **wie** bzw. **mit welcher Denkweise** die Massen denken.«*[211]

Qualitative Sprünge in der Entwicklung von Sprache

Stalin betont, dass sich Sprache nur in einer allmählichen Entwicklung über Generationen ohne »Explosionen« vollziehe:

»Der Marxismus ist der Auffassung, daß der Übergang der Sprache von einer alten zu einer neuen Qualität nicht durch eine Explosion, nicht durch eine Vernichtung der bestehenden und die Schaffung einer neuen Sprache erfolgt, sondern durch eine allmähliche Ansammlung von Elementen der neuen Qualität, folglich durch ein allmähliches Absterben der Elemente der alten Qualität.«[212]

Diese Ansicht entspricht nicht den Tatsachen. Der Übergang von der mittelhochdeutschen zur neuhochdeutschen Sprache war zweifellos ein qualitativer Sprung, den wesentlich der Dichter **Johann Wolfgang von Goethe** verkörpert mit seiner beweglichen und flexiblen, kurz: dialektischen Sprache. Dieser Übergang erfolgte nicht zufällig in einer Zeit der revolutionären Überwindung des Feudalismus und der Durchsetzung der bürgerlichen Gesellschaftsordnung. Er konnte so die komplexen, qualitativen Veränderungen und Prozesse in Wissenschaft, Technik, Gesellschaft treffend abbilden.

Lenin betont, dass ganz allgemein der qualitative Sprung das entscheidende Moment der Dialektik und ein objektives Gesetz der Entwicklung ist. Stalin dagegen verallgemeinert in der Diskussion in der Prawda sogar, dass das grundlegende Element der Dialektik, der Umschlag von Quantität in Qua-

---

[211] Stefan Engel, »Der Kampf um die Denkweise in der Arbeiterbewegung«, S. 124

[212] Stalin, »Der Marxismus und die Fragen der Sprachwissenschaft«, Werke, Bd. 15, S. 193

lität und umgekehrt, nicht allgemeingültig mit qualitativen Sprüngen verbunden sei, sondern dass der qualitative Sprung

»nicht allein auf die Entwicklungsgeschichte der Sprache unanwendbar ist – es ist auch auf andere gesellschaftliche Erscheinungen, die die Basis oder den Überbau betreffen, nicht immer anwendbar. Es ist unbedingt gültig für eine in feindliche Klassen gespaltene Gesellschaft. Aber es ist gar nicht unbedingt gültig für eine Gesellschaft, in der es keine feindlichen Klassen gibt.«[213]

Die gesetzmäßige Dialektik von Allmählichkeit und qualitativem Sprung gilt jedoch nicht nur für antagonistische Widersprüche und Prozesse, sondern für jede Entwicklung. Auch die Entwicklung von Sprache ist von qualitativen Sprüngen geprägt, die sich durchaus über eine lange Zeit erstrecken können. Sie basieren auf der Herausbildung neuer Gesellschaftsformationen, die sich ebenfalls nicht von heute auf morgen herausbilden und ausprägen.

In der Natur gibt es sogar qualitative Sprünge, die sich über Jahrhunderte, Jahrtausende oder Jahrmillionen entwickeln. So etwa die Entstehung von Himmelskörpern, neuer biologischer Arten oder geologische Zeitalter.

Die Rolle der Sprache bei der Rechtsentwicklung

Die Krise der imperialistischen Ideologie äußert sich deutlich in der politischen Sprache. Die Beweglichkeit der Sprache und der Begriffe macht es möglich, dass Politiker neue Begriffe erfinden oder bekannte Wörter mit neuen Deutungen versehen oder gar in ihr Gegenteil verkehren. In Deutschland traten in den 2010er-Jahren politische Kräfte an die Öffentlichkeit, deren aggressive Reden als Anleihen bei der

---

[213] ebenda, S. 194

Propaganda der NSDAP auffielen. Jahrzehntelang waren offen faschistische Politik und Sprache kleiner Gruppen am antifaschistischen Bewusstsein der deutschen Bevölkerung gescheitert. Die neuen Rechten redeten deshalb zunächst vorsichtig, dann immer provokativer von »Volk« und »Vaterland« oder vom »Volkswillen«, der die »Zerstörung der Nation durch Masseneinwanderung« ablehnte, bis hin zur Verbreitung offen faschistischer Parolen.

Bürgerliche Politiker und Medien, die selbst erheblich nach rechts gerückt waren, griffen die systematisch verbreitete Wortwahl der Rechten unter dem scheinheiligen Vorwand auf, sie diesen nicht zu überlassen. So gehört es heute zum allgemeinen Sprachgebrauch, von »illegaler Migration«, von der »Überforderung Deutschlands durch die Migration«, von »Asylbetrug«, von der »Nichtfinanzierbarkeit der Renten« und dem »allgemeinen Missbrauch von Bürgergeld« zu sprechen.

Diese Begriffe sollten das Denken und Fühlen der Menschen gegen die Flüchtlinge richten statt gegen die Fluchtursachen im Imperialismus und förderten so die gesamtgesellschaftliche Rechtsentwicklung.

Correctiv, ein Team investigativer Journalisten, deckte Anfang 2024 eine Geheimtagung auf, deren Teilnehmer – von Funktionären der AfD, der CDU bis zu offen Faschisten sowie einzelnen Monopolvertretern – unter dem neuen Begriff *»Remigration«* die *»Vertreibung von Millionen von Menschen aus Deutschland«*[214] erörtert und geplant hatten. Diese Enthüllung ließ schlagartig das antifaschistische Bewusstsein der Massen auf breiter Front erwachen. Eine Millionen Menschen umfassende antifaschistische Bewegung entstand und schärfte das Bewusstsein über die faschistische Gefahr.

---

[214] Correctiv, »Recherchen für die Gesellschaft«, correctiv.org 10.1.2024

Doch die bürgerlichen Parteien vermieden es nach wie vor, von einer **faschistischen Gefahr** zu sprechen. Sie umschrieben das Problem mit verharmlosenden Begriffen wie »Populismus«, »Rechtsextremismus«, »Hass auf der Straße« oder »Antisemitismus«, um von der gesellschaftlichen Dimension abzulenken: Der Faschismus entspringt der reaktionären Tendenz des Imperialismus und hat seine Wurzel in der allseitigen Diktatur der Monopole.

Sprache als wesentliches Mittel im Kampf um die Denkweise der Massen

Willi Dickhut prägte ein dialektisches Verständnis von Bewusstseinsbildung:

»Die Agitation und Propaganda tut nichts anderes, als daß sie die in der Realität vorhandene Einheit von Erscheinung und Wesen geduldig erklärt, damit sich die Massen anhand ihrer eigenen Erfahrungen von der Richtigkeit der Politik der Partei überzeugen.«[215]

Eine sowohl verständliche als auch wissenschaftlich prägnante Sprache ist eine grundlegende kulturelle Errungenschaft. Erziehungs- und Überzeugungsarbeit gegen die Verrohung der Sprache, ihre Reduzierung auf Modewörter, vulgäre Sprüche oder Satzfetzen ist notwendig. Dies untergräbt besonders unter der Jugend die Fähigkeit zum logischen und dialektischen Denken und Sprechen.

Der Kampf um treffende Sprache, um Begriffe und Ausdrucksweisen ist Teil des **Klassenkampfs auf weltanschaulichem Gebiet**. Wilhelm Liebknecht schrieb über die Sprache von Karl Marx:

---

[215] Willi Dickhut, »Die dialektische Einheit von Theorie und Praxis«, S. 227/228

»Marx legte außerordentlichen Wert auf reinen, korrekten Ausdruck ... Mit Bezug auf Reinheit und Korrektheit der Sprache war er von peinlichster Gewissenhaftigkeit ... Marx war ein strenger Purist – er suchte oft mühsam und lange nach dem richtigen Ausdruck. Die überflüssigen Fremdwörter haßte er«.[216]

Wissenschaftliche Begriffe wie »Marxismus-Leninismus«, »Staatsmonopolistischer Kapitalismus«, »Imperialismus«, »Klassenkampf«, »Arbeiterklasse«, »Faschismus«, »proletarische Denkweise« oder »allein herrschendes internationales Finanzkapital« bleiben unverzichtbar. Es ist sogar eine wesentliche Aufgabe der Bewusstseinsbildung, diese Begriffe in Verbindung mit dem lebendigen Leben zur selbstverständlichen Ausdrucksweise zu machen und auf ihrer Grundlage immer neue und feinere, exaktere treffende Begriffe zu finden.

3.3. Beethovens Musik als Produkt der Aufklärung

Aus der Epoche der »Wiener Klassik« des 18. Jahrhunderts ist neben **Wolfgang Amadeus Mozart (1756–1791) Ludwig van Beethoven** (1770–1827) der weltweit wohl bekannteste Komponist. Seine Musik ist Weltkultur. Statt bürgerlicher Überhöhung seines Genies als »übermenschliche Fähigkeiten« würdigt Lenin ihn als Teil des kulturellen Fortschritts der Menschheit:

»Ich kenne nichts Schöneres als die ›Appassionata‹[217]*... Ich denke immer mit Stolz, vielleicht naivem Stolz: ›Seht mal an, solche Wunderwerke können die Menschen schaffen!‹«*[218]

---

[216] Wilhelm Liebknecht, »Erinnerungen an Karl Marx«, S. 123

[217] Klaviersonate Nr. 23, op. 57 von Ludwig van Beethoven

[218] Maxim Gorki, »W. I. Lenin«, in: W. I. Lenin, »Über Kultur und Kunst«, S. 632

Beethoven durchlebte kämpferisch, mit großer weltanschaulicher, politischer und emotionaler Intensität den Umbruch von der feudalen zur bürgerlichen Klassengesellschaft nach der Französischen Revolution 1789. Er verarbeitete diese Erfahrungen musikalisch.

Sein Lebenswerk gehört zum bürgerlichen Kulturgut. Obwohl auch Adlige zu seinen Gönnern zählten, war Beethoven sehr selbstbewusst und pflegte ein kritisches Verhältnis zum Adel.

Beethoven im Bann von Hegels Dialektik

Der Komponist Beethoven und der Philosoph Hegel wurden im selben Jahr, 1770, geboren. Obwohl sie einander nie begegneten und keiner ausdrücklich auf den anderen Bezug genommen hat, sind sie in der Musik und in der Philosophie herausragende Vertreter der Dialektik. Zweifellos haben sie sich gegenseitig beeinflusst. Der Philosoph **Alain Patrick Olivier** schreibt über die Prägung der beiden durch den Geist der Französischen Revolution:

»Beide lebten in einer durch die Französische Revolution und den Beginn der Moderne geprägten Zeit. Die ideellen Nachklänge der heroischen Kämpfe, welche die damalige Welt prägten, kann man sowohl in Beethovens Musik als auch in Hegels Philosophie noch hören.«[219]

Viele Autoren, die Hegel und Beethoven in Verbindung bringen, betonen lediglich ihre gemeinsame politische Einstellung zu den Revolutionen der Zeit. Sie verkennen damit aber das Wesentliche, das beide verbindet: die **dialektische Methode**.

Beethoven verkörperte die dialektische Methode bereits in seiner Arbeitsweise:

---

[219] Alain Patrick Olivier, »Beethoven und die Philosophie. Musik, Dialektik und freie Improvisation«, shs.hal.science 22.11.2021

»Zuerst entschied er sich für eine bestimmte Gattung oder Besetzung ... Dann legte er die Tonart fest ... Wenn die Frage der Tonart und damit des ›Charakters‹ geklärt war, entwarf er – noch in groben Zügen – die Form und dachte über die Proportionen der einzelnen Teile innerhalb dieser Form nach. ... (Er) hatte ... ›immer das ganze vor Augen‹, wie er es selbst einmal ausdrückte.«[220]

Sowohl in der Form als auch im Inhalt entstanden so als Vereinigung von **Analyse und Synthese** Kunstwerke, deren *»Überlegenheit wohl darauf* (beruht), *daß alles musikalisch Einzelne in einer dialektischen Beziehung zum Ganzen steht.«*[221]

Der Musiker des Widerspruchs

Beethoven nahm **keine einfache Negation** der bisherigen Musik vor. Er studierte und beherrschte alles Bisherige ausführlich, nahm alles Wertvolle der Musiktradition auf, strich Überholtes rücksichtslos und entwickelte vorherige Formprinzipien zu einer neuen Qualität weiter.

Kernstück dabei ist seine Höherentwicklung und Vollendung der **dialektischen Form der Sonate**: These (zum Beispiel harte kraftvolle Themen bzw. Motive), Antithese (zum Beispiel weiche liebliche Themen bzw. Motive in anderer Tonart), kritisch-selbstkritische Verarbeitung der beiden Thesen (»Durchführung«) und schließlich als Synthese und Höhepunkt das meist kraftvolle, kämpferische Finale.

Charakteristisch für die neuartige Dialektik von Inhalt und Form in der Musik ist Beethovens 5. Sinfonie mit ihrem berühmten TatataTaa-Beginn. Das scheint nur eine kleine

---

[220] Jan Caeyers, »Beethoven – Der einsame Revolutionär«, S. 270/271

[221] Theodor W. Adorno, Brief an Rudolf Kolisch vom 10.7.1942, zitiert in: Martin Geck, »So sah die Welt Beethoven«, S. 136

Idee, musikalisch ausgedrückt: ein Motiv. Aber es beschreibt die Entfaltung der inneren Widersprüchlichkeit: einen rhythmischen mit der Betonung des vierten Schlags und einen melodischen mit der Abwärtsbewegung des vierten Tons.

Beethoven verstand es, alle wesentlichen menschlichen Stimmungen und Gefühle auszudrücken: Kampf, Zorn, Liebe, Sehnsucht, Innigkeit, Trauer, Verzweiflung, innere Ruhe oder Siegeszuversicht. Das gelang ihm durch den Einsatz unterschiedlichster Formen: Tempi, Umkehrungen, vielfältige Variationen mit dem weitestgehenden Orchester-Einsatz sowie ganz neue musikalische Elemente. Er differenzierte, zeigte ihre Verbindungen und Übergänge, ihren Zusammenhang, ihre Einheit und ihren Gegensatz – bis zum Umschlag in ihr Gegenteil (drohend – zart, Kampf – Sieg/Niederlage, Mut – Verzweiflung, Liebe – Hass).

Sein Umgang mit dem Widerspruch in allen Variationen macht Beethovens Musik so ansprechend und lebendig.

Über die Dialektik der klassischen Form der Sonate heißt es in dem Büchlein »Klassik verstehen«:

»Ohne Unterschiede ist alles sinnlos. Ohne Unterschiede kein Fortschritt, ohne Differenz keine Entwicklung, ohne Konflikt keine Wahrheit. Wenn uns die Sprache der klassischen Musik eines lehrt, dann das: Es geht nicht ohne Konflikt und Widerspruch. Anstatt Unterschiede zu negieren oder gar zu beseitigen, lasst sie uns leben. Das Allerbeste geht aus ihnen hervor.«[222]

Vor allem in zwei Werken hat Beethoven seine bürgerlichen Freiheitsideale gegen jede Tyrannei zum Thema gemacht. Zum einen in seiner einzigen Oper, »Fidelio«, in der es um den eingekerkerten Florestan geht, einen Gegner des herrschenden Despoten. Die große Liebe ist mit dem Kampf um Freiheit

---

[222] Gabriel Yoran, »Klassik verstehen«, S. 113

verknüpft. Dafür steht der berühmte Gefangenenchor, der die Sehnsucht nach Freiheit besingt:

»*O Himmel! Rettung! Welch ein Glück! O Freiheit! Kehrst du zurück?*«[223]

Das andere Werk ist die weltbekannte 9. Sinfonie von 1824. Ihre ungewöhnliche Länge von 75 Minuten und die erstmalige Einbeziehung der menschlichen Stimme in eine Sinfonie – mit vier Solisten und einem Massenchor – waren revolutionär. Inhaltlich bezog Beethoven den Text von Schillers »Ode an die Freude«[224] ein. Darin heißt es:

»*Alle Menschen werden Brüder*«, »*diesen Kuß der ganzen Welt*« und »*seid umschlungen, Millionen*«.[225]

Das war die Kampfansage des bürgerlich-demokratischen Revolutionärs und Dialektikers an die »gottgegebene« reaktionär und volksfeindlich ausgerichtete Adelsherrschaft.

Die Würdigung Beethovens in der revolutionären Arbeiterbewegung

Eine entfaltete Massendiskussion über die dialektische Negation Beethovens fand während der Großen Proletarischen Kulturrevolution in China statt. 1973/74 entstand die Bewegung »Beethoven kritisieren! Konfuzius verurteilen!«. Dabei ging es keineswegs um eine sektiererische Verdammung Beethovens musikhistorischer Leistungen durch »chinesische Kulturbanausen«, wie es in westlichen Medien dargestellt wurde. Die Kulturrevolutionäre richteten ihre Kritik gegen eine rechte Tendenz in der Kulturförderung, die die

---

[223] Ludwig van Beethoven, »Fidelio«, opera.arias.com

[224] in der überarbeiteten Fassung von 1808

[225] Friedrich Schiller, »An die Freude (späte Fassung)«, 1808

westliche klassische Musik als Musik des aufstrebenden Bürgertums zum Nonplusultra erhob, aber die eigene und erst recht die revolutionäre Kultur Chinas gering schätzte. Sie kritisierten die verantwortlichen Politiker:

»*Wenn von der Notwendigkeit gesprochen wird, ›das Niveau des Schaffens und der Aufführungen zu erhöhen‹, werfen sie ... sich vor der westlichen klassischen Musik in den Staub; was aber unsere guten revolutionären Werke im nationalen Stil und unsere Musterstücke der revolutionären Bühnenkunst betrifft, so haben sie diese ... vollständig vergessen*«.[226]

Diese Kritik beflügelte die chinesischen Massen zum eigenen kulturellen Aufbruch. Darin vereinigten sie die Errungenschaften der europäischen und der chinesischen Kultur zu einer eigenen revolutionären Massenkultur.

Mit der dialektischen Würdigung Beethovens für die deutsche Arbeiterbewegung befasste sich der kommunistische Komponist **Hanns Eisler**. Er betonte die visionäre Kraft, die von Beethoven für die Arbeiter ausgehen kann:

»*Diese Töne, die schon jetzt uns, den noch kämpfenden Arbeitern, Energien zuführen, werden erst recht uns gehören, wenn wir über die jetzt herrschende Klasse gesiegt haben werden und den Millionen Massen der bis dahin Unterdrückten mit dem Triumphgesang Beethovens zujauchzen werden: ›Seid umschlungen, Millionen!‹*«.[227]

---

[226] Tschu Lan, »Rote Fahne« 4/1974, zitiert nach: Elo und Jürg Baumberger, »Beethoven kritisieren! Konfuzius verurteilen! Was geschah in China 1973/74?«, S. 69

[227] Hanns Eisler, »Materialien zu einer Dialektik der Musik«, S. 36

3.4. Schöpferische Potenziale und Krise der bildenden und darstellenden Kunst

In der bildenden und darstellenden Kunst verarbeiten Künstlerinnen und Künstler schöpferisch Lebens- und Arbeitsbedingungen der Gesellschaft. Sie bringen ihre besondere Begabung mit Fantasien, Träumen, Visionen, Emotionen und ihre Botschaften in ihre Kunstwerke ein, verarbeiten die Beschwerlichkeiten ebenso wie die Lust am Leben.

Kunst beeinflusst das gesellschaftliche Leben und wird zugleich vom gesellschaftlichen Entwicklungsstand, Rückschritt oder Fortschritt inspiriert. Gesetzmäßigkeiten und Fortschritte aus Naturwissenschaften, Handwerk und Industrie bereichern die bildende Kunst: Erkenntnisse der Chemie oder Physik über Farben und Materialien und neue Techniken wie Fotografie, Film und Computertechnologie.

Die wenigsten Kunstschaffenden können vom Verkauf ihrer Werke leben. Der Sprung in den Kunstmarkt gelingt hauptsächlich über Galerien, die die Künstler zumeist auf eine »marktgerechte« Kunst trimmen. Wenn die Herrschenden ihnen Spielraum für Unmut oder Kritik zugestehen, so begrenzt der brutale Konkurrenzkampf oft diese Freiheiten.

Wertvoll ist eine Kunst, die alle menschlichen Sinne für den Fortschritt der Menschheit einsetzt. So erlangte das Kunstschaffen des »Bauhauses« weltweite Ausstrahlung, das der Architekt **Walter Gropius** 1919 in Weimar gegründet hatte. In seinem »Manifest« erklärte er das Grundverständnis, das für die Architektur zukunftsweisend werden sollte:

»Es gibt keinen Wesensunterschied zwischen dem Künstler und dem Handwerker. ***Der Künstler ist eine Steigerung des Handwerkers*** *... Bilden wir also eine* ***neue Zunft der Handwerker*** *ohne die klassentrennende Anmaßung, die eine*

hochmütige Mauer zwischen Handwerkern und Künstlern errichten wollte!«[228]

Kulturelle Barbarei unter der Knute des Faschismus

Der Aufschwung der Malerei der »Moderne«, ausgehend von der bürgerlichen Revolution, brachte die Dialektik von Inhalt und Form wie der Farbe zum Ausdruck.

Doch mit der Errichtung des Faschismus nach 1933 setzte ein Feldzug gegen Künstlerinnen und Künstler der »modernen Kunst« ein, die fortan als »entartete Kunst« diffamiert und unterdrückt wurde. Verleumdet wurden Werke von Pablo Picasso, Wassily Kandinsky, Paul Klee, Emil Nolde, Oskar Kokoschka und anderen. In mehreren Wellen entfernten und beschlagnahmten die Faschisten moderne Kunstwerke, vor allem solche avantgardistischer Kunstströmungen wie Expressionismus, Surrealismus oder Kubismus, aus deutschen Museen, öffentlichen Einrichtungen und Privatsammlungen.

Adolf Hitler propagierte eine gleichgeschaltete *»deutsche Kunst«*, die chauvinistisch sein und jegliche Klassenwidersprüche übertünchen sollte. Sie propagierte den völkischen *»Ewigkeitswert«* eines angeblich seit Jahrtausenden homogenen deutschen Volks aus der überlegenen arischen Rasse.

Doch bekanntlich kommt Hochmut vor dem Fall: Das »Tausendjährige Reich« endete nach zwölf Jahren 1945 mit einer krachenden Niederlage des Hitlerfaschismus und einer grandiosen Ausweitung des sozialistischen Lagers und seiner aufstrebenden Kunst und Kultur.

---

[228] Hans M. Wingler, »Das Bauhaus 1919–1933. Weimar – Dessau – Berlin und die Nachfolge in Chicago seit 1937«, S. 39

Der sozialistische Realismus

Prägende Stilrichtung beim sozialistischen Aufbau in der Sowjetunion und in China, anfangs auch in der DDR, war der **sozialistische Realismus**. Er wurde auch inspiriert vom »sozialkritischen Realismus« der 1920er-Jahre in Deutschland, den Käthe Kollwitz, Heinrich Zille oder Heinrich Vogeler geprägt hatten.

Der sozialistische Realismus entstand aus der dialektischen Negation der bürgerlichen Kunstströmungen Realismus, Naturalismus und Romantik. Seine Ausgestaltung knüpfte an einer schöpferischen Auseinandersetzung an, die Friedrich Engels mit der englischen Schriftstellerin Margaret Harkness über das Verständnis von Realismus führte:

»Realismus bedeutet, meines Erachtens, außer der Treue des Details die getreue Wiedergabe typischer Charaktere unter typischen Umständen. ... Die rebellische Auflehnung der Arbeiterklasse gegen das Milieu der Unterdrückung, das sie umgibt, ihre Versuche ... ihren Status als menschliche Wesen wiederzuerlangen, gehören zur Geschichte und müssen darum auf einen Platz im Bereich des Realismus Anspruch erheben.«[229]

Engels verabscheute jeden »Realismus«, der den Lesern eines Romans oder den Betrachtern eines Bilds nur die Position des Künstlers aufdrängen will, statt sie anzuregen:

»Je mehr die Ansichten des Autors verborgen bleiben, desto besser für das Kunstwerk.«[230]

In der Kunst der sozialistischen Sowjetunion entwickelte sich der sozialistische Realismus zu voller Blüte. Was dort

---

[229] »Engels an Margaret Harkness in London«, Marx/Engels, Werke, Bd. 37, S. 42/43
[230] ebenda, S. 43

in Architektur, Fotografie, Malerei, Skulptur, in Filmen und auf Plakaten entstand, diente dem Selbstbewusstsein und dem revolutionären Enthusiasmus der Massen. Besonders die Filme von **Sergej Eisenstein**, »Panzerkreuzer Potemkin« oder »Oktober«, verkörperten höchstes Niveau auf dem neuen Gebiet des proletarischen Films.

Das sowjetische sozialistische Kulturschaffen beeinflusste fortschrittliche Künstler auch in kapitalistischen Ländern, trug zur Attraktivität des sozialistischen Aufbaus bei und motivierte Künstlerinnen und Künstler aus der ganzen Welt, sich daran zu beteiligen.

Große Wirkung erreichten die Wandbilder des mexikanischen Kommunisten Diego Rivera. In einer Situation, in der die Mexikanische Kommunistische Partei (PCM) verboten war, positionierten sich fortschrittliche Malerinnen und Maler in monumentalen Wandbildern, nahmen Stellung zu den wichtigsten politischen, historischen und gesellschaftlichen Auseinandersetzungen und propagierten den Kampf der Arbeiter, der breiten Massen und die Revolution.

Der Antikommunismus diffamierte von Anfang an den sozialistischen Realismus. Vor allem seit dem XX. Parteitag der KPdSU 1956 in der Sowjetunion verfälschten revisionistische Kräfte den Begriff »sozialistischer Realismus«. Sie entwickelten stattdessen eine Kunst mit platten, starren, idealisierten Gestalten und plakativ dargestellten Situationen.

So versuchte etwa **Boris S. Mejlach**, ein sowjetischer Literaturkritiker, dem künstlerischen Rückschritt eine höhere theoretische Weihe zu geben, indem er sich irreführend auf Lenin berief:

»Zugleich kritisierte Lenin stets sehr scharf jegliches Abweichen der Phantasie vom Leben. Die Wahrheitstreue der Gestal-

tung des Lebens in der Kunst ist somit Hauptkriterium für den Wert künstlerischen Schaffens.«[231]

In Wirklichkeit erklärte Lenin:

*»Das Herangehen des (menschlichen) Verstandes an das einzelne Ding ... **ist kein** einfacher, unmittelbarer, spiegelartig toter, sondern ein komplizierter, zweiseitiger, zickzackartiger Vorgang, der die Möglichkeit **in sich schließt**, daß die Phantasie dem Leben entschwebt«.*[232] Er kritisierte zugleich, wenn Künstler bloß träumen und *»ganz auf Abwege geraten, auf Wege, die der natürliche Gang der Ereignisse nie beschreiten kann.«*[233]

Missbrauch und Unterdrückung demokratischer und antifaschistischer Kultur in der DDR durch die Revisionisten

Im März 1947 gründete sich in Dresden die Künstlergruppe »Das Ufer«. Sie verstand Kunst als

»gesellschaftliche Funktion und nicht: Kunst um der Kunst willen. Die Ufer-Leute gehen bewußt unter die Werktätigen, um von ihrem Leben und von ihrer Arbeit zu lernen. Sie wollen gleichzeitig das Bewußtsein der Arbeiter ansprechen und verändern.«[234]

Es entstanden herausragende Bilder, die in Form und Inhalt Erfahrungen aus dem Hitler-Faschismus verarbeiteten. Die

---

[231] Boris S. Mejlach, unter anderem Leiter der Akademie-Kommission für die komplexe Erforschung von Kunst und Literatur in der Sowjetunion, im Vorwort zu: W. I. Lenin, »Über Kultur und Kunst«, S. 16/17

[232] Lenin, »Konspekt zur ›Metaphysik‹ des Aristoteles«, Werke, Bd. 38, S. 352/353

[233] Lenin zitiert zustimmend Pissarew in: »Was tun?«, Lenin, Werke, Bd. 5, S. 529

[234] Kurt Liebmann, »Das Ufer, Sommerausstellung in der Kunsthandlung Richter«, 1949, zitiert im Ausstellungskatalog »Das Ufer«, Dresden 1984. Kurt Liebmann war selbst einer der Mitbegründer der Gruppe »Das Ufer«.

Ufer-Leute lehnten »*alles Cliquen- und Starwesen*« ab und setzten sich selbstlos für den »*Aufbau einer neuen Gesellschaftsordnung*«[235] ein.

Selbst ausgewiesene Antikommunisten mussten zugeben, dass in der DDR »*bemerkenswerte Werke*«[236] entstanden.

1958 erklärte **Walter Ulbricht** auf dem V. Parteitag der SED theatralisch:

»*In Staat und Wirtschaft ist die Arbeiterklasse der DDR bereits der Herr.* ***Jetzt muß sie auch die Höhen der Kultur stürmen und von ihnen Besitz ergreifen.***«[237]

Von wegen: »Die Arbeiterklasse ist der Herr«! In Wirklichkeit wurde sie in der DDR ausgehend vom XX. Parteitag der KPdSU im Februar 1956 von der neuen Bourgeoisie in Wirtschaft und Staat entmachtet. Jetzt sollten der Verrat am Sozialismus und die Restauration des Kapitalismus in der DDR auch durch Kunst und Kultur bemäntelt werden. Das war nicht einfach, da die breiten Massen immer noch den sozialistischen Aufbau unterstützten. 1959 wurde die erste Bitterfelder Konferenz ins Leben gerufen. Mit dem »Bitterfelder Weg« entstand eine breite Bewegung, in der Künstler in die Betriebe gingen, um zusammen mit Industriearbeitern Kulturelles zu schaffen. Tausende Arbeiterkulturzirkel entstanden, die beachtenswerte Kunstwerke schufen.

Doch die revisionistische Staats- und Parteiführung missbrauchte diese Entwicklung. Ulbrichts Ausrichtung des ganzen Kulturlebens der DDR war ein reines Manöver der Ablen-

---

[235] »Exposé über die Ziele des Kollektivs ›Das Ufer‹ im Verband Bildender Künstler Deutschlands«, ohne Datum, vermutlich etwa März 1952

[236] »Auftrag: Kunst«, Katalog zur Ausstellung des Deutschen Historischen Museums 1995, S. 8

[237] »Einige Probleme der Kulturrevolution«, Referat Walter Ulbrichts auf dem V. Parteitag der SED 1958, in: »Protokoll der Verhandlungen des V. Parteitages der Sozialistischen Einheitspartei Deutschlands«, S. 182

kung von der wachsenden Kritik gerade von Künstlerinnen und Künstlern am bürokratischen Kapitalismus.

Während die Entmündigung und Gängelung von Arbeitern und Künstlern weiter betrieben und 1961 die Berliner Mauer gebaut wurde, behauptete Ulbricht auf der Zweiten Bitterfelder Konferenz 1964, dass es nun in der DDR *»keinen Klassenantagonismus mehr gibt«*.[238]

Entsprechend diesem verlogenen Gesellschaftsbild lobte Walter Ulbricht besonders Malerei, die das Bild einer widerspruchsfreien Gesellschaft zeichnete, *»einer schönen harmonischen und zugleich tiefen Widerspiegelung unseres Lebensgefühls«*.[239]

Die zweite Bitterfelder Konferenz fand unter kulturrevolutionärer Flagge statt, doch im 51-köpfigen Präsidium waren gerade noch zwei Arbeiter.[240] Ein Hohn auf Ulbrichts Phrase von der *»Notwendigkeit der führenden Rolle der Arbeiterklasse auch auf allen Gebieten der Kunst und der Kultur«*.[241]

Kurz darauf – bei ihrem 11. Plenum des ZK 1965 – erwähnte die SED den Bitterfelder Weg kaum noch. Im »Bericht des Politbüros« kritisierte **Erich Honecker** staatsfeindliche Umtriebe in Künstlerkreisen: »Nihilismus«, »Unmoral« und »Skeptizismus«, die die DDR in ihren Grundfesten erschüttern würden. Er griff nicht nur Beat-Musik und Protestlieder an, sondern auch Erzählungen und Filme.

Natürlich versuchte die antikommunistische Subversion aus der BRD, die DDR auch über Kulturschaffende zu destabili-

---

[238] Zweite Bitterfelder Konferenz 1964, Protokoll, S. 82

[239] ebenda, S. 136

[240] ebenda, S. 8–12

[241] »Einige Probleme der Kulturrevolution«, Referat Walter Ulbrichts auf dem V. Parteitag der SED 1958, in: »Protokoll der Verhandlungen des V. Parteitages der Sozialistischen Einheitspartei Deutschlands«, S. 182

sieren. Doch die DDR-Führung beurteilte Kritiken und Widersprüche in typisch revisionistischer Manier schematisch und undifferenziert und unterdrückte sie. Erich Honecker proklamierte mit der ihm eigenen schlichten Rhetorik:

»Unsere Deutsche Demokratische Republik ist ein sauberer Staat«.[242]

Von 14 berühmten und bis heute sehenswerten DEFA-Produktionen gelangten 1965 nur zwei in die Kinos. Verbannt wurde unter anderem der bekannte Film »Spur der Steine« unter der Regie von Frank Beyer mit Manfred Krug in der Hauptrolle.[243]

Die antikommunistische Ausrichtung der bildenden Kunst in Westdeutschland

Die Autorin **Frances Stonor Saunders** setzte sich in ihrem Buch »Wer die Zeche zahlt ... Der CIA und die Kultur im Kalten Krieg« 1999 gründlich mit der subversiven, antikommunistischen Kulturpolitik des US-Imperialismus in Westeuropa auseinander. Damals wurde über das Museum of Modern Art (MoMA) der »abstrakte Expressionismus« nach Westeuropa exportiert, weil er *»eine spezifisch antikommunistische Ideologie ... die Ideologie der Freiheit und des freien Unternehmertums«*[244] ansprach.

Da es den Herrschenden in Westdeutschland schwerfiel, antifaschistische und antiimperialistische Kunst offen anzugreifen, förderten sie eine abstrakte Kunst, die die Wirklichkeit ausblendete.

---

[242] Ulrike Bosse, »Kulturpolitik der DDR: Das ›Kahlschlag-Plenum‹ der SED 1965«, ndr.de 6.4.2022

[243] ebenda

[244] Frances Stonor Saunders, »Wer die Zeche zahlt ... Der CIA und die Kultur im Kalten Krieg«, S. 236

Künstler des Realismus, zum Beispiel **Otto Dix**, hatten es schwer, Anerkennung zu finden. So berichtete der Bildhauer, Grafiker und Maler **Alfred Hrdlicka**, ein bekennender Kommunist:

»Und als alter Hut wurde in dieser Zeit der abstrakten Hochblüte auch meine an Politik und gesellschaftlichen Problemen orientierte Kunstauffassung abgetan.«[245]

Hrdlicka war einer der bedeutendsten Vertreter einer neuen Bewegung des Realismus, die sich klar positionierte gegen Faschismus, den Vietnamkrieg oder faschistische Diktaturen in aller Welt und diese Haltung künstlerisch verarbeitete.

Allerdings wäre es nicht richtig, abstrakte Kunst als solche zu verurteilen. Lenin hatte dazu eine differenzierte Sicht. Er wandte sich gegen

»leere, leblose Abstraktion«[246], sah aber in *»wissenschaftlichen (richtigen, ernst zu nehmenden, nicht unsinnigen) Abstraktionen«*, die *»die Natur tiefer, richtiger, **vollständiger** wider(spiegeln)«* eine Berechtigung, da sie zum Weg der Erkenntnis gehören: *»Von der lebendigen Anschauung zum abstrakten Denken **und von diesem zur Praxis** – das ist der dialektische Weg der Erkenntnis der **Wahrheit**, der Erkenntnis der objektiven Realität.«*[247]

Die Fiktion einer »Autonomie der Kunst«

In der Kunsttheorie der BRD tat sich besonders **Theodor W. Adorno** hervor. Eine der Hauptthesen in seinem Werk »Ästhetische Theorie« von 1973 ist der *»Doppelcharakter von*

---

[245] Michael Lewin, »Alfred Hrdlicka. Das Gesamtwerk. Schriften«, S. 38
[246] Lenin, »Konspekt zu Hegels ›Wissenschaft der Logik‹«, Werke, Bd. 38, S. 99
[247] ebenda, S. 160

Kunst«, »*der von Autonomie und fait social*[248]*«*[249] bestimmt sei. Das heißt, der Künstler müsse dem Ideal der Selbstverwirklichung folgen, was ihm jedoch durch die sozialen Realitäten, die Notwendigkeit, seine Kunst verkaufen und sich deshalb anpassen zu müssen, unmöglich gemacht werde:

»*Vielfach wird unmittelbar gesellschaftlich-ökonomisch in die künstlerische Produktion eingegriffen; gegenwärtig etwa durch langfristige Verträge von Malern mit Kunsthändlern*«.[250]

Adorno verkündet den oft unter gewaltigem Druck stehenden Künstlern die Botschaft, unbeirrt eine über alle Klassenwidersprüche erhabene, autonome Kunst zu verfolgen.

Die »Autonomie der Kunst« als höchstes Prinzip täuscht die Illusion der künstlerischen Selbstbestimmung im Kapitalismus vor und erhebt dieses kleinbürgerliche Motiv auch noch zum Lebensziel der Kunstschaffenden.

Einer der höchstdotierten deutschen Maler der Gegenwart ist **Gerhard Richter**. Er genoss nach seinen eigenen Worten in der DDR »*eine sehr fundierte Ausbildung*«[251] und erinnert sich gern an die politische und kulturelle Aufbruchstimmung der Anfangsjahre der DDR.

Seinen Erfolg auf dem weltweiten kapitalistischen Kunstmarkt verdankt er freilich seinem zweifelhaften Anspruch, Kunst »ideologiefrei« zu gestalten. Nach Richters Ansicht sei es eine »*Illusion*«, »*die Welt verändern zu können*«.[252] Das gip-

---

[248] gesellschaftliche Verhältnisse

[249] Theodor W. Adorno, »Ästhetische Theorie«, in: Gesammelte Schriften, Bd. 7, S. 340

[250] ebenda

[251] Dietmar Elger, »Gerhard Richter, Maler«, S. 18. Gerhard Richter war von 1952 bis 1957 Student an der Kunstakademie Dresden.

[252] Hans-Ulrich Obrist (Hrsg.), »Gerhard Richter, Text: Schriften und Interviews«, S. 193

felt in der defätistischen Behauptung, die begonnene globale Klimakatastrophe werde unabwendbar darin enden, dass die Bewohner der Erde »*sich gegenseitig umbringen und verhungern werden*«.[253]

Im Gegensatz zu einer von den Massen abgehobenen Kunst entwickelte **Friedensreich Hundertwasser** eine Architektur und Malerei, die der Menschenwürde und der Einheit mit der Natur gerecht werden sollte. Bewusst und mit persönlichem Einsatz unterstützte er die Umweltbewegung.

Rechtsentwicklung zur Unterdrückung fortschrittlicher Kultur im wiedervereinigten Deutschland

Die **Documenta** ist eine der weltweit bedeutendsten Ausstellungen zeitgenössischer Kunst, die seit 1955 alle fünf Jahre in Deutschland stattfindet.

Von der Documenta 11 im Jahr 2002 mit 650 000 Besuchern zur Documenta 12 im Jahr 2007 mit 750 000 Besuchern fand eine fortschrittliche Veränderung statt: vom Anspruch »*reiner Kunst*« zur Kunst als Kritik und »Anprangerung«.[254] Die imperialistische Politik internationaler Übermonopole wie Umweltzerstörung, reaktionäre Kriege, Unterdrückung der Völker rückten in den Fokus.

Das passte den Herrschenden in Deutschland nicht. Sie forcierten eine Trendwende zur **offen reaktionären Ausrichtung** der öffentlich geförderten Kunst. Eingeleitet wurde sie mit pogromartiger Diffamierung der Documenta 2022 in Kassel. Das sie prägende fortschrittliche Künstlerkollektiv

---

[253] ebenda, S. 235
[254] Rote Fahne 36/2007, S. 28

Ruangrupa dokumentierte in der anregenden und vielseitigen Ausstellung eine antiimperialistische Grundlinie.

Die Künstler verarbeiteten wesentlich die Erfahrungen ihres Heimatlands Indonesien, in dem Hunderttausende Demokraten und Kommunisten faschistischen Massakern zum Opfer fielen. Dabei kritisierten sie auch den daran beteiligten imperialistisch-zionistischen Staat Israel. Ein Aufschrei ging durchs Land mit dem unberechtigten Vorwurf des »Antisemitismus«. Als Vorwand wurden einige Detailzeichnungen genommen, die im Rahmen großer Gemälde fälschlich und respektlos das Judentum allgemein karikierten. Obwohl die Künstler sich dafür entschuldigten, wurden sie und alle, die sie unterstützten, nun erst recht diffamiert.

Eine verschärfte rechtslastige Kontrolle der Documenta setzte ein und stieß sofort auf breiten Widerspruch gerade bei internationalen Künstlern, aber auch bei der Mehrheit der Besucherinnen und Besucher der Documenta.

Die Krise der bildenden und darstellenden Kunst und das Bedürfnis der Massen nach kultureller Betätigung

Das Scheitern sämtlicher Konzepte von »Autonomie der Kunst« und die Krise der bildenden Kunst gestehen inzwischen zahlreiche Kunsttheoretiker ein.

Auch wenn in den öffentlichen Haushalten an Kunstunterricht und Kulturförderung gespart wird, entwickeln viele Kulturschaffende, aber auch Laien aus der Bevölkerung ein Kunstschaffen in Hobbykünstlergruppen, Malschulen, Chören, Musikbands und ungezählten anderen Aktivitäten.

Clara Zetkin schrieb schon 1911:

»Immer wieder sind es aus Knechtschaft zur Freiheit drängende Massen, die die Kunstentwicklung aufwärts- und vor-

wärts tragen, aus denen die Kraft erwächst, Perioden des Stillstandes, ja, des Verfalls der Kunst zu überwinden.«[255]

Die volle Entfaltung einer Massenbewegung zur Überwindung von Stillstand und Stagnation in der Kunst wird es erst in einer sozialistischen Gesellschaft geben.

3.5. Die imperialistische Sportkultur als Vehikel der bürgerlichen Ideologie

Sport als elementares Lebensbedürfnis der Massen

Sport fördert die Gesundheit, das Gesundheitsbewusstsein, das Denk- und Durchhaltevermögen, steigert die Leistungsfähigkeit und Arbeitsproduktivität. Der sportliche Wettstreit kann zudem Kampfgeist, Lebensfreude, Gemeinschaftssinn und Selbstbewusstsein entfalten.

Sport ist ein **Wesenselement der allseitigen Entwicklung der menschlichen Gesellschaft** und aller Individuen. Millionen Menschen sind in rund 90 000 Sportvereinen in Deutschland aktiv.

Karl Marx erkannte visionär die Bedeutung der *»körperlichen Übung«* für die allseitige Entwicklung der Arbeiterklasse zur überlegenen revolutionären Kraft der Gesellschaft:

»Die Verbindung von bezahlter produktiver Arbeit, geistiger Erziehung, körperlicher Übung und polytechnischer Ausbildung wird die Arbeiterklasse weit über das Niveau der Aristokratie und Bourgeoisie erheben.«[256]

---

[255] Clara Zetkin, »Kunst und Proletariat«, in: »Zur Theorie und Taktik der kommunistischen Bewegung«, S. 336

[256] Karl Marx, »Instruktionen für die Delegierten des Provisorischen Zentralrats zu den einzelnen Fragen«, Marx/Engels, Werke, Bd. 16, S. 195

Die sportliche Betätigung blieb in früheren Zeiten den herrschenden Klassen vorbehalten. Erst mit Beginn des 19. Jahrhunderts entstand eine Sportbewegung, die in Deutschland aktiver Teil der sogenannten »Befreiungskriege« und dann der bürgerlichen Revolution wurde.

Mao Zedong war glühender Förderer einer organisierten Sportbewegung in China:

»Maos unermüdlichem Einsatz ist es zu danken, daß Sport und Schwimmen heute vom chinesischen Alltag nicht mehr wegzudenken sind.«[257]

In den 1920er-Jahren entwickelten sich Arbeitersportverbände mit Hunderttausenden Mitgliedern. Die KPD förderte den Arbeitersport im Rahmen der großen Breite ihrer politischen und kulturellen Arbeit. Daraus entstand ein wichtiges Potenzial für die Stärkung der revolutionären Arbeiterbewegung. 1930 sprach Ernst Thälmann zu 40 000 Arbeitersportlern und forderte, *»ideologisch um die Arbeiter in allen Sportverbänden zu ringen«.*[258]

Der Hitler-Faschismus zerschlug deshalb die Arbeitersportverbände und nutzte die verbleibende Sportbewegung geschickt zum Aufbau seiner faschistischen Massenbasis.

Als scheinbare Verteidigerin der Sportvereine nimmt die AfD seit 2019 deutschlandweit unter dem Titel »Marsch durch die Organisationen« gezielt Einfluss auf Sportvereine. **Jörn König**, AfD-Vertreter im Sportausschuss des Bundestags, forderte im Juni 2024:

»Diversität, Vielfalt, Antidiskriminierung, Antirassismus, Nachhaltigkeit, Inklusion, Klimaneutralität und Hauptsa-

---

[257] Han Suyin, »Die Morgenflut, Mao Tse-tung, ein Leben für die Revolution«, S. 66

[258] Günther Wonneberger, »Deutsche Arbeitersportler gegen Faschisten und Militaristen 1929–1933«, S. 50

che alles bunt. Das hat in einem Wettbewerb alles nichts zu suchen.«[259]

Unter dieser Leitlinie durchsetzt die AfD die Sportvereine, meist umgeben vom Mythos des »heimatverbundenen sozialen Kümmerers«:

»Die AfD vertritt ein sozial-darwinistisches Sportverständnis und will eine Sportkultur, in der nur leistungsfähige Männer und Frauen ohne Migrationsgeschichte mitwirken«.[260]

In Wirklichkeit geht es um den Aufbau einer Massenbasis für ihre faschistische Ideologie und Politik,

»indem man in passende ›Vereine und Verbände‹ geht. Dazu gehören Bereiche wie Gewerkschaften und Nachbarschaftsvereine – oder eben der Sport.«[261]

Die AfD-Jugendorganisation Junge Alternative (JA) *»inszeniert sich seit Jahren etwa bei Outdoor-Survivalläufen ... mit einer Kriegsmetaphorik, als ob sie Vorbereitung auf einen Krieg betreiben würde.«* Sie hat in mehreren Landesverbänden Kampfsportangebote *»»mit toxischen Vorstellungen von Männlichkeit und völkischer Selbstverteidigungs-Rhetorik««*[262] aufgebaut.

Gegen diese borniete Ansicht bezeichnete der Präsident des Internationalen Paralympischen Komitees, **Andrew Parsons**, in Paris 2024 bei der Eröffnung dieses förderungswürdige Großevent der Paralympics als eine *»Revolution der Inklusion«* behinderter Sportler:

---

[259] Jörn König, »Königsbrief Nr. 114«, 14.6.2024

[260] Robert Claus, in: »Kampf um ideologische Hoheit: AfD lässt in Sachsen und Thüringen Sport für Wahlen bluten«, n-tv.de 1.9.2024

[261] David Bedürftig, »Kampf um ideologische Hoheit: AfD lässt in Sachsen und Thüringen Sport für Wahlen bluten«, n-tv.de 1.9.2024

[262] ebenda

»Jeder Mensch mit einer Behinderung verdient die Möglichkeit, sich zu entfalten und ein Leben ohne Barrieren, ohne Diskriminierung und ohne Ausgrenzung zu führen.«[263]

Mit dem Sieg über den Faschismus, der Entstehung eines sozialistischen Lagers und der Zerschlagung des alten Kolonialsystems entwickelte sich eine weltweite Massenbewegung des Sports.

Der Missbrauch des Sports als sprudelnde Profitquelle

Nach dem Faschismus wurde die selbständige Arbeitersportbewegung in Westdeutschland weitgehend in die bürgerlichen Verbände und Vereine integriert.

Internationale Monopole beteiligen sich maßgeblich an der Ausrichtung globaler Sportereignisse. Sie nutzten ihre Beherrschung weltweit bekannter Clubs, um im zwischenimperialistischen Konkurrenzkampf ihr Image zu pflegen und Extraprofite einzufahren. Sportsendungen im Fernsehen erreichen höchste Zuschauerquoten, vor allem bei Megaevents wie Weltmeisterschaften und Olympischen Spielen. Führende Sportartikelhersteller haben aus dieser Begeisterung einen riesigen Weltmarkt geschaffen.

»Im Jahr 2022 setzte Nike als größter Sportartikelhersteller weltweit knapp 43,8 Milliarden Euro um. Branchenvize Adidas erzielte im selben Jahr einen Umsatz von rund 22,5 Milliarden Euro.«[264]

Unter dem Einfluss der monopolisierten Sportindustrie hat sich eine wachsende **Kultur** des **Profisports** in mindestens 50 Sportarten entwickelt. Dazu gehören Fußball, Handball, Basketball, American Football, Rugby, Volleyball, Eishockey

---

[263] Andrew Parsons, Rede bei der Eröffnungsfeier der Paralympics, 28.8.2024 – eigene Übersetzung

[264] statista.com 3.1.2024

und Hockey, Cricket, Leichtathletik, Schwimmen, Radfahren, Tennis, Tischtennis, Boxen, Wintersportarten, Judo, Fechten, Motorrennsport.

Im Rahmen des Profisports fand eine schleichende **Militarisierung** mit Sportarten wie Schießen, Biathlon oder modernem Fünfkampf statt. Die Anstellung von Spitzensportlern bei Bundeswehr und Bundespolizei soll deren Image aufpolieren. 2021 waren 34 Prozent der deutschen Olympioniken bei der Bundeswehr verpflichtet.

Profitorientierte Sportindustrie

Im Juni 2021 riefen die Stiftung Deutsche Sporthilfe und ihr Vorstandsvorsitzender **Thomas Berlemann** zu einer Kampagne »Germany United« auf:

*»Wir als Sporthilfe wollen gemeinsam mit Partnern aus Wirtschaft, Politik und Gesellschaft, aus den Medien und natürlich aus dem Sport ein neues **Wir-Gefühl** in Deutschland entfachen.«*[265]

Doch es gibt kein ideologiefreies »Wir-Gefühl«. Breite Massen kritisieren sowohl überhöhte Profigehälter als auch die profitorientierte und häufig extrem umweltschädliche Ausrichtung von Sportereignissen. Allein die Investitionen des neuimperialistischen Lands Katar verschlangen für die Fußball-Weltmeisterschaft 2022 etwa 220 Milliarden US-Dollar.

Inzwischen dominieren Arroganz und Finanzkraft der Spitzenvereine, die sich einen doppelten und dreifachen Kader mit Millionengehältern leisten können. Die Spieler des FC Bayern München bekamen in der Saison 2023/24 Gehälter von zusammen etwa 220 Millionen Euro.

Allein dieser Konzern erzielte 2022/23 bei einem Umsatz von 854 Millionen Euro einen Gewinn von 35,7 Millionen Euro,

---

[265] Stiftung Deutsche Sporthilfe, Aufruf zur Kampagne »Germany United«, 7.6.2021

das Vielfache der meisten anderen Vereine der Bundesliga. Jeweils 8,3 Prozent des Kapitals gehören den DAX-Monopolen adidas, Allianz, VW.

Neue Anforderungen im Breitensport

Die Profivereine erhalten Hunderte Millionen aus der privaten Sponsorenförderung. Zusätzlich sponsert die Bundesregierung den Profisport jährlich mit zirka 300 Millionen Euro aus Steuergeldern. Doch für die Sanierung und Modernisierung von Sportstätten für den **Breitensport** stellte sie von 2021 bis 2023 nur noch 110 Millionen Euro jährlich bereit. Das wirkt sich auch negativ auf den Spitzensport aus, dessen entscheidende Basis der Breitensport und vor allem die Jugendförderung ist. Die aktive sportliche Betätigung der Massen verlagert sich zunehmend weg von den klassischen Vereinen, Sportplätzen und -hallen. Individualisierte Online-Kurse für zu Hause und **Fitnessstudios** erfreuen sich wachsender Beliebtheit. Zwischen 2015 und 2019 wuchs deren Mitgliedschaft in Deutschland von 9,5 auf 11,7 Millionen.

Kein Fitnessstudio erzielt jedoch dieselbe Förderung kollektiven Denkens und Handelns wie eine aktive Vereinsmitgliedschaft oder eine Teamsportart. Fitnessstudios kommen zwar den flexibilisierten Arbeitszeiten und wechselnden Lebenssituationen entgegen, setzen allerdings mehr auf das Individuum, auf übertriebenen Körperkult und persönliche Leistungssteigerung. Diese Entwicklung stellt die Sportvereine vor Probleme, dauerhaft aktive Mitglieder besonders unter Jugendlichen zu gewinnen.

Die Sportberichterstattung als Vehikel der kleinbürgerlichen Denkweise

Eine wesentliche Aufgabe der bürgerlichen Berichterstattung über den Spitzensport ist die Förderung der **Identifika-**

tion mit dem eigenen Verein oder allgemein mit deutschen Mannschaften, um die **Klassenunterschiede vergessen** zu lassen. Der Sprachforscher **Jürgen Roth** kritisiert berechtigt

»*das ›Wir‹, mit dem sich die Sportjournalisten mit der deutschen Nationalmannschaft gerne gemein machen: ... ›wir Zuschauer werden fast genötigt an dieser Kollektiv-Imagination teilzuhaben.‹*«[266]

In den Nachrichten ist der Spitzensport nicht nur ständig präsent, sondern vorrangig wird über Medaillen und Siege oder Spitzen-Platzierungen deutscher Leistungssportler informiert. Die Berichterstattung glorifiziert überschwänglich erfolgreiche Profisportler.

Als der hochtalentierte Julian Köster bei der Handball-Europameisterschaft Anfang 2024 im Spiel gegen Ungarn in Abwehr und Angriff sehr gut spielte, titelte die Sportschau:

»*Julian Köster ist ein Ausnahmespieler des DHB-Teams. ... in der Kölner Arena wurde er gegen Ungarn als ›Man of the Match‹ gekrönt. ... Folgt die nächste Julian-Köster-Show gegen Kroatien?*«[267]

Handball ist aber – wie Fußball, Eishockey und andere – vor allem ein Mannschaftsspiel. Dessen Faszination lebt wesentlich vom Wechselverhältnis individueller Stärken und Schwächen im mannschaftlichen Zusammenspiel, verstärkt durch die Interaktion mit der gegnerischen Mannschaft.

Natürlich braucht die Jugend Vorbilder im Spitzensport. Massenmedien fördern jedoch mit dem übertriebenen Starkult eine **kleinbürgerlich-karrieristische Denk- und Verhal-**

---

[266] Jürgen Roth im Gespräch mit Vera Linß und Martin Böttcher, »Sprachforscher über die Sportjournalisten der Fußball-WM«, deutschlandfunkkultur.de 23.6.2018

[267] »Köster begeistert seine Heimat nahe der Kölner EM-Spielstätte«, sportschau.de 24.1.2024

tensweise unter den Massen. **Karrierismus, Profilierungssucht und Geldgier** der Profisportler werden so als **normale Denk- und Verhaltensweisen** verbreitet.

Die Werbeindustrie vermarktet das Ansehen von Spitzensportlern, die wiederum gut bezahlt ihren Namen für die Produktwerbung hergeben. »Spotup Medien« gibt eine Anleitung für die **bestmögliche Vermarktung von Profisportlern**:

»konzentriere dich auf die Vermarktung und Werbung für dich ... Konzentriere dich darauf, der/die Beste ... zu sein«.[268]

Die Vereinigung Sportsponsoring Anbieter e.V. (VSA), schreibt:

»Für Sponsoren ist der Sport somit die ideale Plattform, um einzigartige Reichweiten zu generieren«.[269]

Sponsoring ist nicht nur eine sprudelnde Profitquelle, sondern »die ideale Plattform«, um in dem »hochemotionalen Umfeld« der Sportbegeisterung der Massen ihr Klassenbewusstsein zu zersetzen.

Die bürgerliche Berichterstattung über den Spitzensport verkommt mehr und mehr zu einer niveaulosen und nervtötenden Dauerberieselung mit

»begleitenden Vor- und Nachberichten, Gewinnspielen ... Interviews, Homestories von Sportlern, Features über Austragungsorte, prominenten Kommentatoren und nicht zuletzt mit Sponsoring und ... Werbung«.[270]

Die Idealisierung von Spitzensportlern ist unter anderem wegen des gewaltigen Erwartungsdrucks und **Zwangs zu Höchstleistungen** unmenschlich, bezogen auf die Jugend

---

[268] »Berufswunsch Profisportler – die eigene Vermarktung im Fokus«, spotupmedien.de 11.12.2022 – Hervorhebung Verf.

[269] »Warum Sportsponsoring«, vsa-ev.de 23.10.2022

[270] Uli Gleich, »Merkmale und Funktionen der Sportberichterstattung«, in: Media Perspektiven 11/2000

fragwürdig und wirkt nicht zuletzt destruktiv auf die Sportlerinnen und Sportler selbst. In einer repräsentativen Studie der Deutschen Sporthochschule Köln erklärten Spitzensportler,

»unter Depressionen (zu leiden), bei sich Burnout-Symptome zu erkennen ... gesundheitliche Risiken bei sich bewusst in Kauf (zu nehmen)«.[271]

Erst in den 2020er-Jahren entwickelte sich eine breite öffentliche Kritik gegen das **Mobbing** von homosexuellen Sportlern. Mutig brachen Spitzensportler ihr jahrzehntelanges Schweigen und setzten eine Lawine in Gang, die die verbreitete sexuelle Gewalt im Sport anprangerte.

Die zunehmende Kommerzialisierung, Kapitalisierung und Instrumentalisierung des Leistungssports begünstigt die verdeckte Verbreitung leistungsfördernder und schmerzhemmender Mittel. Sie erhöhen auf unnatürliche Weise das Leistungsvermögen (Ausdauer, Muskelbildung, Schnellkraft), verzerren den Wettbewerb und haben auf die Gesundheit der Sportler eine verheerende Wirkung.

Die zwiespältige Rolle der Fanclubkultur

In Deutschland gibt es unter den etwa 85 Millionen Einwohnern schätzungsweise *»46 Millionen Fußballfans«*.[272] Viele von ihnen fühlen sich **Fanclubs** oder Fanszenen zugehörig. Der Sportsoziologe **Gunter A. Pilz** analysiert die Wurzeln vieler Fußballvereine als

»eine enge soziale und kulturelle Beziehung zwischen Spielern und Zuschauern ... (so)dass sich ein dichtes Netz zwischenmenschlicher Beziehungen aufbaute ... wurden entsprechend diese Spielertypen oft als ›lokale Helden der Arbeiter-

---

[271] Peter Ahrens, »Druck, Doping, Depression«, spiegel.de 21.2.2013
[272] statista.de 2.1.2024

klasse‹ gefeiert, so haben sie mit der Professionalisierung des Fußballsports einem neuen Typus Platz gemacht: Einem von den Medien mitgeformten Star«.[273]

Angesichts des von den Spielern oftmals abgeschotteten Tribünendaseins entwickelten die Fanclubs mit Sprechchören, Trommeln, Gesängen, Transparenten und Fahnen, La-Ola-Wellen, Bengalofeuern mehr und mehr ihre eigene Atmosphäre und Choreografie.

Eine besondere Rolle spielt das Solidaritätsgefühl der Fans, das allerdings oft einseitig und überhöht der »eigenen« Mannschaft gilt. Gegenüber anderen Vereinen gibt es eine zum Teil abartige Rivalität. Diese steigert sich zuweilen bis zu hasserfüllten Gewaltexzessen zwischen Fangruppen. Das trägt Spaltung und Konkurrenz in die Arbeiterbewegung.

Da sich die Fanclubs aus einfachen Arbeitern bis zum Konzernchef zusammensetzen, wird das »Wir-Gefühl« auch zu einem **besonderen Gefühl der Klassenzusammengehörigkeit** pervertiert.

Nicht zuletzt fördert der bei den Fanclubs ausgeprägte **Lokalpatriotismus** auch eine engstirnig nationalistische Denkweise unter den Massen.

Auf der anderen Seite haben sich gerade viele Mitglieder an der Basis der Fanclubs immer wieder als fortschrittliche und bestens organisierte Kraft erwiesen. So waren sie wesentliche Aktivisten im Kampf gegen neue Polizeigesetze der deutschen Bundesländer 2018/19 oder gegen rassistische und faschistische Umtriebe in den Fußballstadien.

Im Dezember 2023 beschlossen die Vertreter der Deutschen Fußball Liga (DFL) eine »*weltweite Zentralvermarktung*«.[274]

---

[273] Gunter A. Pilz, »Fußball ist unser Leben!? – Leerformel oder gesellschaftspolitische Herausforderung«, S. 2/3

[274] dfl.de 13.12.2023

Durch **Verträge mit internationalen Finanzinvestoren** und internationalen Monopolen sollten die Clubs der ersten und zweiten Fußball-Bundesliga aus der Übertragung von Spielen durch nationale und internationale Fernsehsender und Streamingdienste in den nächsten 20 Jahren bis zu einer Milliarde Euro zusätzliche Profite generieren.

Diese Tendenz folgt dem Drang, als Profivereine mehr Kapital zur Verfügung zu haben und so die besten Spieler der Welt einkaufen zu können. Es ist kein Geheimnis, dass die englische Premier League, die französische oder die spanische Liga dadurch gegenüber anderen europäischen Spitzenvereinen einen erheblichen Kapitalvorteil haben.

Kein Spiel ohne riesige Transparente mit Slogans wie: *»Nein zu Investoren bei der DFL«, »Schluss mit dem Vermarktungswahn«, »Wir werden kein Teil eures Deals sein – Scheiß DFL«.* Über Vereinsgrenzen hinweg kritisierten sie *»die unbändige Gier nach Profit«* und die *»unwirsche Aufforderung an Kritiker, sich der Entscheidung zu unterwerfen«*.[275]

Nach monatelangen Protesten musste die DFL Mitte Februar 2024 ihre Pläne wieder auf Eis legen. Bei aller Berechtigung und allem Erfolg dieser Proteste ist jedoch die **Dominanz der Profitwirtschaft** im Spitzensport des imperialistischen Deutschland längst eine unwiderrufliche Tatsache – aber auch die wachsende Abneigung vieler Fans gegen den Missbrauch ihrer sportlichen Begeisterung.

Die Bedeutung des Breitensports für die revolutionäre Arbeiterbewegung

Der Breitensport wird heute in Deutschland kaum noch angemessen gefördert. In den Schulen fällt oft der Sportunterricht dem Lehrermangel und dem Abbau öffentlicher Bäder

---

[275] »Wir werden kein Teil eures Deals sein«, loewenmagazin.de 15.12.2023

zum Opfer. Fast 60 Prozent der Kinder in Deutschland können nach der Grundschule nicht sicher schwimmen. Seit dem Jahr 2000 haben Städte und Gemeinden jedes Jahr durchschnittlich 80 Schwimmbäder geschlossen. Wohnortnahe Gruppenangebote für Rehasport, Wassergymnastik und Training für Menschen mit Behinderung sind Mangelware. Bei den Krankenkassen gelten sie als lästiger Kostenfaktor.

Ein WHO-Bericht stellte im Jahr 2022 fest, dass sich in Deutschland 88 Prozent der Mädchen und 80 Prozent der Jungen zu wenig bewegen. In Verbindung mit Fehlernährung leiden viele an Übergewicht, Depressionen und damit einhergehender Vereinsamung.

Unter in Armut lebenden Menschen ist inzwischen der Vereinssport zu einer finanziellen Frage geworden. Dennoch betreiben in Deutschland 54 Prozent der Bevölkerung mit einem monatlichen Haushaltseinkommen unter 1 300 Euro selbstorganisierte Sportaktivitäten, 33 Prozent betreiben gar keinen Sport. Bei Haushalten mit einem Einkommen von 3 200 Euro und mehr sind es nur neun Prozent.[276]

Die Arbeiterklasse muss sich entschieden für die Förderung des Breitensports und für den Ausbau kostenloser Sport- und Freizeiteinrichtungen einsetzen. Die revolutionäre Arbeiterbewegung und die sozialistische Jugendbewegung müssen Sport mit und für die Masse der Kinder und Jugendlichen zu ihrer Sache machen.

Die sozialistischen Länder förderten den Sport der breiten Massen und die internationale Arbeitersolidarität. Die sozialistische Sowjetunion führte als erstes Land der Welt 1928 Produktionsgymnastik in industriellen Betrieben ein.

---

[276] Bundesministerium für Wirtschaft und Energie, »Sport inner- oder außerhalb des Sportvereins: Sportaktivität und Sportkonsum nach Organisationsform«, Februar 2019, S. 8

Die **Weltjugendspiele** wurden seit 1947 zu Höhepunkten der internationalen sozialistischen Jugendbewegung. Rund 34 000 Teilnehmerinnen und Teilnehmer aus aller Welt nahmen 1957 in Moskau teil.

Mit der revisionistischen Entartung in der Sowjetunion und der DDR wurden vor allem Einzelerfolge im Leistungssport hervorgehoben und internationale Veranstaltungen degenerierten zur Imagepflege.

Über das sozialistische China Mao Zedongs brachten selbst bürgerliche Zeitschriften wie Der Spiegel anerkennende Artikel:

»Ministerpräsident Tschou En-lai steckte die neue Sportpolitik ab: ›Erst die Freundschaft, dann der Wettkampf.‹ Statt wie auf der ganzen Welt um Punkte und Pokale zu kämpfen, reisen chinesische Meistermannschaften in die Provinz und bestreiten Schaukämpfe vor staunenden Bauern und Bergleuten. Die Meister des Sports knüpfen Volleyball-Netze und stellen Tore selber auf, ›um die Isolierung von den Arbeitern, Bauern und Soldaten‹ zu überwinden.«[277]

»Freundschaft im Wettkampf« ist eine wegweisende proletarische Losung und Pionierarbeit für eine dialektische **Einheit von Leistungs- und Breitensport**, die bis heute die sozialistische Jugendbewegung und ihre Sportereignisse inspiriert und anfeuert.

3.6. Die Lebenslüge von den »freien Medien«

In seinen ersten Veröffentlichungen als junger Journalist verteidigte Karl Marx die **Pressefreiheit** gegen die Zensur durch den preußischen Staat.

---

[277] »Gift und Köder«, Der Spiegel 40/1971

Die in vielen bürgerlichen Demokratien erkämpfte Abschaffung der offenen Zensur bedeutet einen Fortschritt, aber noch lange keine wirkliche Freiheit der Presse. Lenin charakterisierte dies 1917 treffend in der Übergangszeit in Russland zwischen der Februarrevolution und der Oktoberrevolution:

»*Pressefreiheit bedeutet, daß alle Meinungen **aller** Bürger frei verbreitet werden können. Jetzt aber? Jetzt aber haben **nur** die Reichen dieses Monopol, und dann noch die großen Parteien. ... Es handelt sich nicht um die ›Pressefreiheit‹, sondern um das heilige Privateigentum der Ausbeuter an den Druckereien und Papiervorräten, die sie sich angeeignet haben!!!*«[278]

Dieses »*heilige Privateigentum*« ist heute monopolisiert und erstreckt sich auf Printmedien, Radio- und Fernsehsender, Internetknoten und Satellitenverbindungen und auf die Rechenzentren der sozialen Medien.

Gerade in Deutschland sind die marktbeherrschenden Medien vollständig monopolisiert und verbreiten weltweit die bürgerliche Ideologie und kleinbürgerliche Denkweise. So beherrschen bei den Tageszeitungen fünf Medienkonzerne 72,1 Prozent des Meinungsmarkts, bei den Zeitschriften sind es 85,3 Prozent und beim Fernsehen beherrschen ARD/ZDF, Bertelsmann (RTL) und ProSiebenSat.1 zusammen 92,8 Prozent des Markts.[279] Presseagenturen ebenso wie das »Redaktionsnetzwerk Deutschland«[280] oder die Funke Mediengruppe versorgen mit ihren Zentralredaktionen Hunderte Zeitungen, Radiosender und Internetseiten mit vereinheitlichten Überschriften und Einschätzungen.

---

[278] Lenin, »Wie wird der Konstituierenden Versammlung der Erfolg gesichert?«, Werke, Bd. 25, S. 391

[279] Vielfaltsbericht der Medienanstalten 2021, S. 32-34

[280] Das Redaktionsnetzwerk Deutschland (RND) gehört zur Madsack Mediengruppe, die zu 23 Prozent im Besitz der SPD ist.

Die scheinbare Vielfalt von Lokalzeitungen gleicht einer Klonarmee. Lediglich im Lokalteil unterscheidet sich heute noch die Berichterstattung.

Die Medienkonzerne fördern eine Dauerberieselung. Eine besondere Rolle nehmen Kriminalfilme ein und überbordende Berichterstattung aus Polizeiberichten, eine Flut von »True Crime«-Formaten, gezieltes Hochspielen von »Ausländerkriminalität«. Sie verfolgen das mit dem Ziel, bei den Menschen ein Gefühl der ständigen Unsicherheit zu erzeugen, als könnten sie sich kaum noch auf die Straße trauen. Besonders den Ultrarechten und Faschisten spielen diffuse Angstgefühle in die Hände. Um eine solche Verunsicherung zu erzeugen, werden faschistische Terroranschläge durchgeführt. Die Regierung nutzt das, um den Abbau demokratischer Rechte und die Faschisierung des Staatsapparats zu legitimieren.

Nach der Messerattacke des islamistisch-faschistischen IS in Solingen am 23. August 2024, bei der drei Menschen ermordet und acht meist schwer verletzt wurden, hat die Bundesregierung ihre bisher weitestgehenden Einschränkungen für die Rechte und Freiheiten von Migranten und Asylbewerbern durchgepeitscht.

Der Arbeitertheoretiker Willi Dickhut beschreibt die geschickten, für die Massen oft schwer zu durchschauenden Methoden der **Manipulation**, die sich keineswegs auf die reine Verbreitung von Lügen reduzieren:

»Wenn die Massenmedien nur Lügen am laufenden Band produzierten, würden sie bald unten durch sein. Sie wenden vielmehr ein System der geschickten Vermengung von Lügen, Halbwahrheiten und Wahrheiten an«.[281]

---

[281] Willi Dickhut, »Der staatsmonopolistische Kapitalismus in der BRD«, Bd. II, S. 106

Eine wesentliche Seite besteht dabei in der Auswahl der Berichte. So gab es seit dem Beginn des Ukrainekriegs täglich ausführliche Berichte über das Leid der Familien und Soldaten in der Ukraine. Über die Lage der Menschen im Gaza-Streifen verloren sie dagegen zeitweise kein Wort. Das war Ergebnis einer bewussten Ausrichtung.

Der Journalist **Stefan Niggemeier** wertete aus, dass in der gedruckten BILD-Zeitung bis zum 20. Dezember 2023 – also zweieinhalb Monate lang – lediglich ein einziges Mal über zivile palästinensische Opfer berichtet wurde. Zu diesem Zeitpunkt waren es bereits mehr als 20 000 Tote![282]

Die MLPD wird seit ihrer Gründung 1982 systematisch aus der öffentlichen Berichterstattung ausgeschlossen. Damit wird suggeriert, dass die MLPD völlig bedeutungslos sei.

Die Kapitalismuskritik unter den Massen wächst, besonders die Kritik am Treiben internationaler Monopole. Um dieser wachsenden Strömung das Wasser abzugraben, werden gezielt milliardenschwere Kampagnen lanciert. Die finanzkräftigen Auftraggeber bedienen sich dabei auch internationaler Agenturen wie Omnicom, WPP und Publicis mit jeweils Milliardenumsätzen und Hunderttausenden Mitarbeitern.

Die ehemalige Bundeskanzlerin **Angela Merkel** erteilte 2010 in einer Rede zur Vorstellung des Allensbacher Jahrbuchs der Demoskopie offenherzig eine aufschlussreiche Lektion in Geschichte und Manipulation der öffentlichen Meinung:

»*Wir können im Rückblick auf die Geschichte der Bundesrepublik sagen, dass all die großen Entscheidungen keine demoskopische Mehrheit hatten, als sie gefällt wurden. Die Einführung der Sozialen Marktwirtschaft, die Wiederbewaffnung, die*

---

[282] Stefan Niggemeier, »Aus Solidarität mit Israel verzichtet ›Bild‹ darauf, über palästinensische Opfer in Gaza zu berichten«, uebermedien.de 20.12.2023

Ostverträge, der Nato-Doppelbeschluss, das Festhalten an der Einheit, die Einführung des Euro und auch die zunehmende Übernahme von Verantwortung durch die Bundeswehr in der Welt – fast alle diese Entscheidungen sind gegen die Mehrheit der Deutschen erfolgt. Erst im Nachhinein hat sich in vielen Fällen die Haltung der Deutschen verändert.«[283]

Zweck der bürgerlichen Propaganda ist es, die Denkweise der Massen so zu manipulieren, dass sie klassenfremde Ideen und Interessen als ihre eigenen ansehen und empfinden. Damit das funktioniert, muss das selbständige, klassenbewusste freie Denken systematisch zersetzt werden. **Edward Bernays**, Vorreiter der Kommunikationswissenschaft und selbst Architekt von Kampagnen der Meinungsmanipulation, schrieb schon 1928 dazu:

»Die Meinung der Massen ist offensichtlich formbar, sodass ihre neu gewonnene Kraft in die gewünschte Richtung gelenkt werden kann. Unsere heutige Gesellschaftsstruktur würde ohne diese Praxis nicht funktionieren. Wann immer etwas von allgemeiner Bedeutung unternommen werden soll, sei es in den Bereichen Politik, Finanzen, Industrie, Landwirtschaft, Wohltätigkeit, Bildung oder auf anderen Gebieten, dient Propaganda den unsichtbaren Herrschern als Mittel zur Durchsetzung.«[284]

Aber das proletarische Klassenbewusstsein oder die proletarische Denkweise lassen sich nicht auslöschen, sie haben *»ihre gesetzmäßige Grundlage in der proletarischen Klassenlage, in der Existenz der Arbeiterklasse.«*[285] Jede Manipulation scheitert früher oder später an der Wirklichkeit und dem gewachsenen Bewusstsein.

---

[283] Bulletin der Bundesregierung Nr. 21-2, 3.3.2010

[284] Edward Bernays, »Propaganda – Die Kunst der Public Relations«, S. 27

[285] Stefan Engel, »Der Kampf um die Denkweise in der Arbeiterbewegung«, S. 133

Ein Merkmal der Herausbildung **neuimperialistischer Länder** sind mit ihnen verbundene, international operierende Medienkonzerne und Presseagenturen, die die weltweite Meinungsbildung oder -manipulation in ihrem Sinn zu beeinflussen versuchen.

Ihr erbitterter Kampf untereinander ist ein wesentlicher Teil des zwischenimperialistischen Konkurrenzkampfs geworden. Die russische Agentur Russia Today, die chinesische Xinhua oder Katars Al Jazeera wetteifern auf dem internationalen Schlachtfeld der Meinungsmanipulation. Sie inszenieren sich als alternative Medien, die einen

»Gegenstandpunkt zum einseitigen und oft interessengetriebenen Medien-Mainstream« vorgeben und vermeintlich *»eine Gegenöffentlichkeit«*[286] herstellen.

Da sich diese »Gegenöffentlichkeit« häufig auf berechtigte Kritik an den USA und an den mit der NATO verbundenen Ländern oder Medienagenturen wie AFP, AP und Reuters bezieht, tritt ihr oft spontane Sympathie entgegen. Unter aktiver Förderung durch die Regierung Russlands unter Präsident Putin wurde neben den staatlichen Sendern Russia Today und Sputnik eine Organisation eigens für die Meinungsmanipulation über soziale Medien aufgebaut. Offiziell gibt sie sich seriös als Internet Research Agency. Diese Agentur hatte nach der Wirtschaftszeitung Delowoy Petersburg 800 Mitarbeiter und nahm Einfluss auf die Brexit-Kampagne in Großbritannien oder auf die Wahl Donald Trumps in den USA im Jahr 2016. Russland organisiert darüber inzwischen wesentlich seine Förderung ultrareaktionärer bis faschistischer Parteien in Europa.

---

[286] Maik Baumgärtner u.a., »Moskaus Querdenker«, Der Spiegel 9/2021

Immer häufiger werden dabei »Troll-Armeen« eingesetzt. Die Initiative Mimikama »Zuerst denken – dann klicken« schreibt warnend:

»Eine Trollarmee funktioniert durch die koordinierte Nutzung von gefälschten oder anonymen Online-Identitäten, die als ›Trolle‹ bezeichnet werden ... Sie verbreiten gezielt Desinformation, provozieren Konflikte, überschwemmen Diskussionen ... und belästigen oder bedrohen andere Nutzer.«[287]

Es ist eine gezielt verbreitete Falschinformation, dass ausschließlich Russland diese Methode der massenhaften und gezielten Desinformation im Netz anwende. So wurden im Jahr 2023 Akteure einer israelischen Geheimfirma entlarvt, die

»in 33 Fällen versucht haben, Wahlkämpfe und Abstimmungen gegen Geld zu manipulieren. In mindestens 27 Fällen sollen die Täter erfolgreich gewesen sein, mitunter in Kenia und Nigeria.«[288]

Der klare Blick auf die Wahrheit entsteht erst aus dem proletarischen Klassenstandpunkt mit der Erkenntnis, dass diese Medien ebenfalls imperialistische Interessen vertreten, namentlich der neuimperialistischen Länder.

Fluch und Segen der Multimediakultur

Die digitalen Medien bieten große Möglichkeiten für vielfältige kulturelle und gesellschaftliche Betätigung: Austausch von Information, Kommunikation, Spiele, E-Commerce oder Unterhaltung durch Streaming. Doch die internationalen Monopole unterwerfen sich das Internet für ihre Zwecke. Sie erzielen allein schon durch Werbeeinnahmen, Lizenzverkäufe

---

[287] »Trollarmee«, mimikama.org 3.4.2024
[288] Matthias Schwarzer, »Wie Trollfabriken die Demokratie untergraben«, rnd.de 15.2.2023

oder Abo-Zahlungen **maximale Profite**. Das internationale Monopol Amazon erreichte 2023 einen Umsatz von 575 Milliarden US-Dollar.

Neben dem ökonomischen Nutzen der Generierung von Maximalprofit ist die **weltweite weltanschauliche und politische Meinungsmanipulation im Sinn der Diktatur der Monopole** von zentraler Bedeutung. Serien, Filme und Computerspiele transportieren die kleinbürgerliche Denkweise besonders »entspannt« in jedes Wohnzimmer.

Eine **Lebenslüge des Internets** ist die der Netzneutralität, nach der alle Daten im Netz gleich behandelt würden und gleiche Chancen hätten. Durch die inzwischen uneingeschränkte Kontrolle durch Staat und Monopole ist das längst zu einer Farce geworden.

Bei **TikTok** kategorisieren Moderatoren in Berlin, Barcelona und Peking pro Schicht 1000 Tickets für deutschsprachige Videos. Sie können Videos löschen, aber auch als »*not for feed*« einstufen, sodass das Video nicht mehr im algorithmisch kuratierten Newsfeed auftaucht, den die Nutzer beim Öffnen der App sehen. Diese Videos werden so bei der Suche und Verbreitung enorm benachteiligt, Videos von Protesten werden häufig sogar gelöscht. Andere Videos werden dagegen »*featured*«, also von der Marketingabteilung gepusht.

2023/24 erreichte **TikTok**, Teil des chinesischen Internetkonzerns ByteDance, eine verantwortungslose Spitzenreiterposition bei der forcierten Verbreitung faschistoider und faschistischer Botschaften, insbesondere unter der Jugend. Hauptsache der Profit stimmt im pseudosozialistischen China.

Zur Unterstützung des US-Präsidentschaftskandidaten Donald Trump übernahm der Multimilliardär Elon Musk Twitter, um die Zensur gegen dessen neofaschistische Propaganda aufzuheben.

Ende 2022 gab die von Elon Musk in Auftrag gegebene Auswertung der »Twitter Files« bekannt, in welchem Ausmaß offenbar alle sozialen Medien mit dem Staat und dessen Geheimdiensten kooperieren. Demnach habe Twitter regelmäßig eine Unmenge von Daten an das FBI geschickt, die das FBI dann mit Bemerkungen versehen zurückgesendet habe. Anschließend wurden Konten gesperrt oder mit einem sogenannten »Shadow-Ban« (Reichweiten-Drosselung) belegt.[289]

Das Internet ist zum Tummelplatz von Geheimdiensten aller Art geworden. Nicht nur aktuell, sondern vor allem prophylaktisch spähen sie rebellische und revolutionäre Entwicklungen aus. In fast allen aufstandsähnlichen Entwicklungen der letzten Jahrzehnte haben die Herrschenden gezielt die Kommunikation übers Internet mit den unterschiedlichsten Methoden unterbunden, zum Teil einfach abgeschaltet. Wer sich auf diese Kanäle verlassen hatte, sah sich schlagartig handlungsunfähig!

Die jugendgefährdende imperialistische Herrschaft über das Internet

2023 verbrachten laut Statista, einer deutschen Online-Plattform für Statistik, Kinder und Jugendliche zwischen zwölf und 19 Jahren in Deutschland durchschnittlich fast vier Stunden am Tag im Internet. Allein Netflix brachte es im Jahr 2023 auf 260 Millionen zahlende Abonnenten. Millionen Kinder und Jugendliche verbrachten einen großen Teil ihrer Freizeit mit Computerspielen, Videos oder Serien. Damit ist nach Expertenmeinung bei vielen ein zerstörerisches Suchtverhalten absehbar: Mehr als 600 000 Mädchen und Jungen in Deutschland sind inzwischen abhängig von Computerspielen und sozialen Medien, etwa 2,2 Millionen

---

[289] nzz.ch 16.12.2022

gelten als gefährdet mediensüchtig.[290] Diese Sucht hat umfassende negative Auswirkungen auf sie:

»Fernsehen, Computerspiele und Konsumwünsche halten sie in permanenter Anspannung, aber zugleich in körperlicher und geistiger Passivität.«[291]

Digitale Spiele haben inzwischen 34 Millionen Nutzer in Deutschland, bei den 16- bis 29-Jährigen sind es über 85 Prozent. Spiele können Wissensdurst, Konzentration und Reaktionsvermögen fördern. Tatsächlich aber nehmen die Spiele epidemisch zu, die Kriegsgeschehen, Mord und Totschlag brutal simulieren.

Da im Gehirn gespeicherte Filmgeschichten die Wahrnehmung des realen Lebens verändern, ist es gerade für Kinder und Jugendliche gefährlich, ihr Leben weitgehend in einer irrealen Parallelwelt zu verbringen, anstatt Ungerechtigkeit und unterdrückerische Gewalt im wirklichen Leben zu bekämpfen.

Immer mehr Jugendliche nutzen die sozialen Medien nicht nur zur Unterhaltung, sondern auch als reichhaltige Quelle von Nachrichten über das aktuelle Weltgeschehen. Eine regelrechte Überflutung mit nicht bewusst verarbeiteten Informationen gewöhnt Jugendliche und Kinder jedoch an kurzatmiges und oberflächliches Denken und Arbeiten und setzt sie ungeschützt der Manipulation aus.

Zwischen Panik und Glorifizierung schwankt die inzwischen entbrannte Debatte um die großen Fortschritte der **»Künstlichen Intelligenz« (KI)**. Einerseits ermöglichen es KI-Programme, die Arbeitsproduktivität grandios zu erhöhen, indem

---

[290] »DAK-Studie: Mediensucht bei Kindern nimmt zu«, tagesschau.de 14.3.2023

[291] Stefan Engel, »Morgenröte der internationalen sozialistischen Revolution«, S. 308

sie vielfältigste internationale Quellen für wissenschaftliche Arbeit, Kommunikation, Produktion, Handel und Verkehr nutzen. Auf der anderen Seite verführen sie Schüler und Studierende, sich um harte wissenschaftliche Arbeit zu drücken und sich stattdessen von KI bedienen zu lassen.

Gefährlich sind die vielfältigen Möglichkeiten zur Manipulation von Texten und Bildern oder gar die tödliche Gefahr einer KI-gestützten Kriegführung. Dabei ist der Begriff »Künstliche Intelligenz« insofern irreführend, als auch KI im Wesentlichen nur produzieren kann, wofür es vorher programmiert wurde.

Die Meinungsmanipulation als Waffe im Gaza-Krieg

Der Angriff der Hamas und des Islamischen Dschihad auf israelische Zivilisten und Soldaten am 7. Oktober 2023 war ein islamistisch-faschistisches Massaker. Israel nahm es zum Vorwand, einen lange geplanten brutalen Krieg gegen das gesamte palästinensische Volk in Gaza zu beginnen. Das Ausmaß der Bombardierungen und die massenhaften Opfer vor allem unter palästinensischen Kindern und Frauen lösten weltweite Empörung aus. Bereits am 18. Oktober sah sich die Führung des öffentlich-rechtlichen Fernsehsenders ARD gezwungen, ein Glossar mit Sprachregelungen über die israelische Kriegführung herauszugeben. Darin heißt es verlogen:

»Oft sterben dabei viele Zivilisten – die Hamas nutzt diese oft als menschliche Schutzschilde. Dennoch sollten wir stets klarmachen, dass es sich in der Regel um Angriffe auf militärische Ziele handelt.«[292]

Eine solche Nachrichtenlegende müsste jedem Reporter, der nur einen Hauch Journalistenehre besitzt, bitter aufstoßen.

---

[292] »Glossar Berichterstattung Nahostkonflikt. Zur internen Nutzung. Stand 18.10.2023«, veröffentlicht auf: nachdenkseiten.de 27.10.2023

Mit dieser Ausrichtung wird nicht die Berichterstattung über die Wirklichkeit organisiert, sondern werden die Sichtweise des israelischen Imperialismus und die Interessen der mit ihm verbündeten imperialistischen Mächte wie der USA oder Deutschlands abgesichert.

Unter der Vorgabe der deutschen »Staatsräson« stellt sich die bürgerliche Berichterstattung in Deutschland mehr oder weniger bedingungslos auf die Seite der israelischen Regierung und verteufelt demagogisch jede Kritik am israelischen Imperialismus als »linken Antisemitismus«. Dabei kritisieren die Marxisten-Leninisten am entschiedensten jede Art von Antisemitismus und sind die Vorkämpfer gegen die internationale neofaschistische Gefahr.

Angesichts des systematisch zerstörten Systems der Lebensmittel- und Gesundheitsversorgung, der Vertreibung Hunderttausender sowie der Tötung Zehntausender muss man von **Völkermord an der palästinensischen Bevölkerung** in Gaza sprechen. Offen und in menschenverachtender Weise rechtfertigte der israelische Verteidigungsminister **Yoav Gallant**

> die *»vollständige Belagerung über Gaza. Kein Strom, kein Essen, kein Wasser, kein Treibstoff. Alles ist unterbunden. Wir kämpfen gegen menschliche Tiere, und wir handeln entsprechend«.*[293]

Kritische Experten aus der Friedens- und Umweltbewegung oder Marxisten-Leninisten werden zensiert, indem ihre Ansichten keinen Zugang zu den monopolisierten Massenmedien erhalten, totgeschwiegen werden.

Dagegen bekamen Generäle der Bundeswehr und der NATO sowie reaktionäre »Sicherheitsexperten« verschiedenster

---

[293] Robert Herbst, »Südafrikas Anklageschrift an den Internationalen Gerichtshof belegt das wahre Ausmaß des Genozids«, occupiednews.com 4.1.2024

»Denkfabriken« reihenweise eine mediale Plattform. Staat und Monopole gerade aus der Rüstungsindustrie finanzieren diese »Denkfabriken« oder decken sie mit Aufträgen ein. Deren Zusammensetzung und gespieltes Gezänk sollen Meinungsvielfalt und Meinungsstreit vorspiegeln. Die Verantwortlichen in den Medien isolieren sogar vorsichtige kritische Stimmen, diffamieren sie und attackieren sie heftig. Sie laden Stimmen mit grundsätzlicher Kritik oder gar revolutionären Standpunkten gar nicht erst ein.

Die Krise des Vertrauens in die bürgerlichen Massenmedien

Die Massen in Deutschland hegen inzwischen berechtigte Skepsis gegenüber bürgerlichen Massenmedien und kritisieren zunehmend die Meinungsmanipulation. Das ist Ausdruck einer tiefen Vertrauenskrise.

Ultrarechte, faschistoide und faschistische Kräfte verbreiten zielstrebig den Begriff »Lügenpresse«.

Dass sich rechte Kampagnen besonders auf die öffentlich-rechtlichen Medien eingeschossen haben, nutzt die bürgerliche Meinungsmanipulation, um diese als seriösen Gegenpol zur Rechtsentwicklung aufzuwerten. Diese künstliche Polarisierung verdeckt das Wesen der Sache.

Die bürgerlichen Medien werten systematisch die verschiedensten rechten und faschistischen »Proteste« wie PEGIDA, Klimaskeptiker und Corona-Leugner als die Regierungskritiker auf. Das wird auch erreicht, indem sie die Berichterstattung über fortschrittliche Demonstrationen, Streiks der Arbeiter oder Aktivitäten der Marxisten-Leninisten in die Randnotizen verbannen oder weitgehend verschweigen.

Spitzenjournalisten heute – ideologisch integriert und angepasst

In seiner Doktorarbeit hat der Medienwissenschaftler **Uwe Krüger** die »Kumpanei mit den Mächtigen« akribisch untersucht:

»Es wurde festgestellt, dass die leitenden Redakteure der deutschen Leitmedien der Jahre 2007 bis 2009 außerhalb ihrer unmittelbaren journalistischen Pflichten vielfältig mit Politik- und Wirtschaftseliten verbunden waren ... Bei jedem dritten wurden entsprechende Kontaktpotenziale festgestellt, die durch Hintergrundkreise, Stiftungen, Think Tanks, Policy Discussion Groups oder nicht öffentliche Konferenzen vermittelt waren.«[294]

Chefredakteure, prominente Fernsehjournalistinnen und -journalisten sowie das Gros der Leitartikler und Auslandskorrespondenten gehören heute – auch nach ihrer Lebenslage und den Kreisen, in denen sie sich bewegen – zur Bourgeoisie.

Im Bundeskanzleramt fanden dazu die traditionsreichen sogenannten Hintergrundgespräche statt. Kanzlerin Merkel und später Kanzler Olaf Scholz trafen sich zeitweise regelmäßig zum vertraulichen Austausch mit 13 bis 15 Journalisten in Spitzenpositionen.

61,1 Prozent der Journalistinnen und Journalisten arbeiten inzwischen – oft unfreiwillig – als Freie oder sogenannte »feste Freie« mit Pauschalhonoraren. Ihr Problem ist, dass sie nur für Mainstream-Artikel auch Honorar erhalten. Das führt oft zu einer permanenten Verunsicherung und regelrechten Selbstzensur.

Immer wieder gibt es auch fortschrittliche, kritische Journalisten, die Missstände aufdecken und veröffentlichen. Sie sind oft von massiven Repressionen betroffen. Das verdeutlicht der

---

[294] Uwe Krüger, »Meinungsmacht«, S. 256

Fall **Julian Assange**. Er hatte mit der Veröffentlichung als geheim eingestufter Dokumente Kriegsverbrechen der USA im Irak und in Afghanistan aufgedeckt. Dafür drohten ihm bis zu 175 Jahre Haft in den USA. Aufgrund einer weltweiten Solidaritätsbewegung musste er im Juni 2024 freigelassen werden. Whistleblowern wie ihm verdanken politisch interessierte Menschen zahlreiche Detailkenntnisse, wie der staatsmonopolistische Kapitalismus funktioniert und wie verkommen viele seiner führenden Repräsentanten sind.

Nur mit einer wissenschaftlichen revolutionären Weltanschauung als Kompass und der dialektisch-materialistischen Methode als Werkzeug sowie einem klaren proletarischen Klassenstandpunkt ist es heute möglich, sich in der Wirklichkeit zurechtzufinden, die Vielzahl der Meldungen zu sortieren, die dahinterliegenden Interessen zu erkennen und das Handeln wirksam auszurichten.

In kaum einem gesellschaftlichen Bereich tritt im Imperialismus der Widerspruch zwischen zunehmenden Destruktivkräften und gehemmten revolutionären Produktivkräften so krass in Erscheinung wie in der Medien- und Internetwelt. Der Kampf um **freien Zugang zu den Massenmedien** für Marxisten-Leninisten, Antifaschisten und alle fortschrittlichen demokratischen Kräfte ist heute unerlässlich, um Masseneinfluss zur Bewusstseinsbildung zu erreichen.

3.7. Zunehmende Dekadenz in der bürgerlichen Massenkultur

Die fortschreitende allgemeine Krise des imperialistischen Weltsystems ist heute mit einer um sich greifenden Dekadenz[295] verbunden. Sie ist allgemein Ausdruck des sterbenden und faulenden Imperialismus und geht von den Herrschenden aus. Sie wirkt als schleichendes Gift über die bürgerliche Massenkultur bis hinein in die Arbeiterklasse, die breiten Massen und vor allem in die Jugend. Die imperialistischen Destruktivkräfte bremsen wie eine mächtige Fessel den Einfluss des wissenschaftlichen Sozialismus.

Die zersetzende Wirkung des Sexismus auf die Arbeiterbewegung und die Jugend

Jahrhundertelang wurde Sexualität ausgehend von den christlichen Kirchen als böse »Fleischeslust« verteufelt und nur zur Fortpflanzung akzeptiert. Das galt natürlich nicht für die herrschenden Kreise, in denen Ehebruch, Prostitution und faktische Polygamie grassierten. Bis heute verwehren die Herrschenden in den meisten Ländern der Welt den Frauen und Mädchen die Entscheidung über ihren eigenen Körper und kriminalisieren Schwangerschaftsabbruch, teils sogar Verhütung.

Gegen all dies hat sich millionenfacher Protest entfaltet und dabei große Erfolge erzielt. Doch wie die doppelte Ausbeutung und Unterdrückung der Masse der Frauen bleibt der Sexismus im imperialistischen Weltsystem systemimmanent und eine der niederträchtigsten Herrschaftsmethoden.

Sexualität wird in der bürgerlichen Gesellschaft zur Ware, wird gekauft und verkauft und zum Werbeträger degradiert.

---

[295] Dekadenz: sittlicher Verfall, Verkommenheit

Sex ohne Liebe, eine Flut von Pornografie, Sexualisierung in den visuellen Medien und allen sozialen Beziehungen, Beurteilung von Frauen und Mädchen allein nach ihrem Körper und ihrem Aussehen – das gilt heute mehr oder weniger als »normal«.

Sexismus bedeutet Diskriminierung aufgrund des Geschlechts. Allgemeine Tendenz ist Missachtung der hauptsächlich betroffenen Frauen und Mädchen. Dies beginnt im Alltag als subtiler Sexismus, wenn Frauen und Kinder über Anzüglichkeiten und Belästigungen abgewertet und benachteiligt werden, und reicht bis hin zum offen dekadenten Sexismus in Form ekelhafter Selbstsucht, aggressiver Wünsche nach Unterwerfung Schwächerer, Rücksichts- und Respektlosigkeit, Brutalität, Genuss und Befriedigung aus Machtlust. Unter dem Motto »Erlaubt ist, was gefällt« werden Gewalt und Unterdrückung beim Sex immer mehr enttabuisiert. Besonders zynisch ist, dass sich Sexismus oft unter der Flagge des Kampfs gegen verklemmte Sexualmoral und Diskriminierung ausbreitet.

Über die verbreitete **bürgerliche Akzeptanz von Sexismus** wirkt die kleinbürgerlich-sexistische Denkweise wie ein schleichendes Gift in der Gesellschaft. Gewalt und Unterdrückung werden als »erotisch« verharmlost, solange sie »im Einvernehmen« geschehen.

Der gesellschaftliche Sexismus wird vor allem von Männern betrieben, aber auch von vielen Frauen und Mädchen toleriert. Das äußert sich vor allem in einer vorauseilenden Unterwerfung unter die vermeintlich gültigen Schönheitsansprüche und in dem zwanghaften Wunsch, anderen zu gefallen und auf diese Weise Bestätigung zu finden. Statt unverkrampfter Liebesbeziehungen und Selbstbewusstsein entstehen Minderwertigkeitskomplexe, Verklemmtheit, egoistisches Konkurrenzverhalten, opportunistische Anpassung oder zerstörerische und selbstzerstörerische Sexualpraktiken.

Eine Welle öffentlicher Anklagen gegen sexuelle Gewalt und Unterdrückung entstand in den 2020er-Jahren. Ausgangspunkt war der Mut Betroffener, die sich oft nach Jahrzehnten des Schweigens an die Öffentlichkeit wagten.

Gegen den erbitterten Widerstand der angeklagten Personen und Institutionen erreichten sie eine breite Öffentlichkeit, trugen zum geschärften öffentlichen Bewusstsein bei und ermutigten weitere Betroffene. Sie erreichten die Eröffnung von Strafverfahren und erstritten die Zahlung von Schmerzensgeldern. Doch kein Geld der Welt kann die erlittene sexuelle Gewalt in ihren Auswirkungen auf das Denken, Fühlen und Handeln der Betroffenen auslöschen.

Zum gesellschaftlichen Fortschritt gehört auch die Überwindung der oft gesetzlich festgeschriebenen Diskriminierung oder gar Verfolgung der Homo- oder Transsexualität in verschiedenen Ländern.

Im Gegensatz zu der in den USA und Europa breit diskutierten bürgerlichen MeToo-Bewegung interessiert die verheerende Situation von Arbeiterinnen in Asien die westlichen bürgerlichen Medien wenig. Dabei ist nachgewiesen, dass in der Textilindustrie von Bangladesch

»rund 75 Prozent der über 600 befragten Arbeiterinnen regelmäßig Opfer von sexueller Belästigung in den Fabriken werden. Dennoch treten Gewalt und Belästigung im Rahmen von ... Fabrikinspektionen meist nicht zutage.«[296]

Vermutlich Zehntausende junge **Sportlerinnen und Sportler** in Deutschland wurden Opfer sexistischer Übergriffe. Eine Studie »Safe Sport« der Universitätsklinik Ulm und der Deutschen Sporthochschule Köln im Leistungssport ergab ein erschreckendes Ergebnis:

---

[296] »Gewalt an Frauen in der bangladeschischen Bekleidungsindustrie«, saubere-kleidung.de 2020

»37 Prozent erlebten sexualisierte Gewalt im Sportbereich. *Elf Prozent waren von schwerer sexualisierter Gewalt, und/oder länger dauernden sexuellen Belästigungen im Sport betroffen.*«[297]

Mal rigorosen, mal zähen hinhaltenden Widerstand leisten die **katholische** und die **evangelische Kirche** gegen die Aufdeckung des verbreiteten sexuellen Missbrauchs von Kindern und Jugendlichen in beiden Kirchen.

Im Kampf gegen den Sexismus hat sich in den letzten Jahren eine neue Bewegung vor allem junger Frauen und Mädchen entwickelt und gestärkt, sie ist in vielen fortschrittlichen Bewegungen zum festen Bestandteil geworden.

Eine kleinbürgerlich-feministische Richtung in dieser Bewegung führt ihre Stoßrichtung einseitig und pauschal als Kampf gegen *die* Männer oder das Patriarchat. Stattdessen muss die Grundlage sexueller Gewalt im kapitalistischen System gesehen und die Einheit mit der (revolutionären) Arbeiterbewegung gestärkt werden, die seit ihrer Entstehung diesen Kampf auf ihre Fahnen geschrieben hat.

Die jährlich stattfindenden Paraden zum **Christopher Street Day** (CSD) haben einen berechtigten Ursprung im Widerstand gegen die Verfolgung der Homosexuellen in den USA. Die bunten Demonstrationen wurden in Deutschland in den letzten Jahren von Millionen vor allem junger Menschen besucht, die sie oft als Ausdruck freiheitlicher Grundhaltung verstanden. Doch vor allem in den imperialistischen Ländern treten diese Märsche oft mit einem ausgeprägt sexistischen und selbstdarstellerischen Erscheinungsbild auf. Das wirkt auf viele Leute abstoßend und schürt Vorbehalte gegen

---

[297] Antonia Fuchs, »Sexuelle Gewalt im Sport: Berichte von Betroffenen machen sprachlos«, web.de 6.11.2020

den berechtigten Kampf um die Gleichberechtigung gleichgeschlechtlicher Beziehungen und von Transmenschen.

Die Neofaschisten nutzen diese Vorbehalte, um die Leute generell gegen gleichgeschlechtliche Beziehungen und Transmenschen aufzubringen. In verschiedenen Ländern mit ultrareaktionären und faschistoiden Regierungen wurden in den letzten Jahren homosexuelle Beziehungen wieder unter Strafe gestellt.

Pornografie und Prostitution – wuchernde Sumpfblüten des Sexismus

Besonderer Ausdruck der gesellschaftlichen Dekadenz des Sexismus ist die **weitgehende Legalisierung von Pornografie und Prostitution**.

Mit Pornografie und Prostitution ist vor allem ein menschenverachtendes Frauenbild verbunden. Es erniedrigt und entwürdigt Frauen und Kinder zu Sexualobjekten, zwingt sie zur vollständigen Unterwerfung unter die nicht selten abartigen sexuellen Bedürfnisse der Freier oder der Konsumenten von Pornografie.

Prostituierte als »Sexarbeiterinnen« zu deklarieren, erweckt das Bild eines völlig normalen Berufs, der zu akzeptieren sei.

Das deutsche Prostitutionsgesetz von 2001 ließ das Riesengeschäft mit der Prostitution ansteigen und machte Deutschland zur europaweiten Drehscheibe von Prostitution.

»Wie ein großer Staubsauger zieht Deutschland aus der europäischen Peripherie kriminelle Banden an, macht Menschenhandel, Zwangsprostitution und dergleichen erst lukrativ.«[298]

Pornhub, das größte Pornografie-Portal der Welt, wurde im Jahr 2019 42 Milliarden Mal besucht, knapp 30 Prozent häu-

---

[298] Arno Frank, »Jünger, vielfältiger und billiger«, spiegel.de 20.11.2017

figer als im Vorjahr.[299] Der Besuch pornografischer Seiten im Netz geht quer durch alle Schichten der Bevölkerung. Erschreckend ist, dass inzwischen vermehrt Kinder und Jugendliche über das Internet Pornografie konsumieren.

Der Journalist **Jürgen Liminski** führt dazu aus:

»Jedes dritte Kind zwischen zehn und 14 Jahren konsumiert heute öfter und regelmäßig solche Seiten. ... Aber es geht nicht nur um den Konsum. Pornografie verändert die ... Beziehungsfähigkeit. ... Exzessiver Pornokonsum ... verändert auch die Hirnstrukturen. ... Das mache nicht nur anfällig für Sexsucht, sondern auch für Alkoholismus und Depressionen.«[300]

Die ständige Verfügbarkeit von Pornografie im Internet und die Anonymität des Konsums verschärfen das Problem. In immer raffinierteren »Darknets« sind selbst grausame Verbrechen wie die Vergewaltigung von Kleinkindern nur schwer zu ermitteln und zu bestrafen. Die Dunkelziffer ist immens.

Besonders schädlich ist die destruktive Wirkung des Sexismus auf die Denk- und Lebensweise der Massen. Frauen und Kinder zu erniedrigen und abschätzig zu behandeln und dem auch noch gesellschaftliche Akzeptanz zu verleihen, zersetzt das Klassen- und Frauenbewusstsein. Persönliche Liebesbeziehungen erscheinen auf einmal langweilig, nur ein immer härterer Kick erzeugt angeblich Befriedigung und kann zu einer regelrechten Sexsucht führen.

Sexismus und Pornografie sind keine »Privatsache«, sondern Teil der Destruktivkräfte des imperialistischen Weltsystems. Dementsprechend müssen sie in der Strategie und Taktik der Arbeiterklasse mit »Nulltoleranz« bekämpft werden. Zum

---

[299] Jürgen Liminski, »Pornografie: Ein Massenphänomen«, die-tagespost.de 7.3.2020

[300] ebenda

Schutz der Kinder sind Pornografie mit und Missbrauch von Kindern streng zu bestrafen.

In der Strategie und Taktik im Kampf um die Denkweise der Massen gilt es, die Überlegenheit der proletarischen Moral herzustellen: unverkrampfte Liebesbeziehungen, Lebensfreude, Sex auf der Basis von Liebe und Zuneigung, Optimismus, gleichberechtigte Zusammenarbeit, gegenseitiger Respekt im Kampf gegen jede kleinbürgerlich-sexistische Denk- und Lebensweise.

Milliardengeschäfte mit der zerstörerischen Drogensucht

Im Jahr 2023 schlug die UNO Alarm. Das Büro der Vereinten Nationen für Drogen- und Verbrechensbekämpfung (UNODC) stellte fest:

»*Die weltweite Zahl der Drogenkonsumenten ist ... binnen eines Jahrzehnts um fast ein Viertel gestiegen. ... Die Zahl der Menschen mit Drogensucht oder -erkrankungen stieg in diesem Zeitraum um 45 Prozent auf 39,5 Millionen an.*«[301]

Zu den verbreitetsten Suchtmitteln gehören Alkohol, Nikotin und Medikamente. Die am meisten süchtig machenden, illegalen Substanzen sind Heroin, Kokain und Crystal Meth; die weltweit verbreitetste Droge ist Cannabis.[302] 11 500 Kinder und Jugendliche im Alter von 10 bis 19 Jahren waren im Jahr 2022 in Deutschland wegen akuten Alkoholmissbrauchs stationär im Krankenhaus.[303]

---

[301] »UN-Bericht – 296 Millionen Menschen weltweit nehmen Drogen«, tagesschau.de 26.6.2023

[302] »World Drug Report 2022«, Booklet 2, S. 16

[303] destatis.de 10.11.2023

Alkohol, Cannabis und verschiedene »Partydrogen« begleitet der Mythos, für Geselligkeit, Entspannung, Ausgelassenheit und gute Partystimmung unentbehrlich zu sein. Kritik daran wird oft abschätzig als altmodisch oder uncool abgetan oder verlacht. Beide Einstellungen sind völlig verantwortungslos vor allem der Jugend gegenüber. Sie arbeiten nur den Profiteuren des Drogengeschäfts in die Hände.

Europa rückt mehr und mehr ins Zentrum der Drogenkartelle, vor allem wegen des lukrativen Handels mit Kokain. In den Herstellerländern Lateinamerikas kostet ein Kilogramm Kokain zwischen 1 000 und 3 000 Euro – in Europa wird es zu 25 000 bis 50 000 Euro weiterverkauft.[304] Die international agierenden Drogenkartelle, die ganze Länder wie Ecuador, Peru, Kolumbien, Panama oder Haiti mit mörderischer Gewalt terrorisieren, rekrutieren vor allem junge Männer für ihr Drogengeschäft.

Süchte und Abhängigkeit von Drogen haben verheerende gesundheitliche und soziale Folgen. Gedanken und Gefühle der Drogenabhängigen drehen sich nach und nach nur noch um die Droge und ihre Beschaffung. Arbeit, Freunde und Familie werden vernachlässigt, die Gesundheit wird ruiniert. Depressionen, soziale Isolation und Einsamkeit beschleunigen den eingetretenen Teufelskreis. Die mit jeder Sucht verbundene extreme Selbstsucht wirkt allseitig zerstörerisch auf die eigene Person und ihr Umfeld.

Schulden wachsen den Betroffenen über den Kopf; oft führt der ökonomische Zwang zur Beschaffungskriminalität. Es ist geradezu ein Verbrechen an der Jugend, wenn die deutsche Bundesregierung seit dem 1. April 2024 Cannabis weitgehend legalisiert. Berechtigt begehren dagegen Bundesärztekammer, Krankenkassen auf, auch zahlreiche in der Suchttherapie

---

[304] »Der Einfluss der Kokainmafia in Europa«, deutschlandfunk.de 3.7.2023

tätige Pädagogen, Psychologen oder Psychiater und betroffene Jugendliche und Eltern.

Rainer Thomasius, der cannabissüchtige Kinder und Jugendliche am Universitätsklinikum Hamburg-Eppendorf behandelt, warnt:

»Akute Wirkungen, die eintreten können, sind: Panikattacken, psychotische Symptome, Aufmerksamkeits-, Konzentrations- und Koordinationsstörungen, Übelkeit ... Zu den Langzeitfolgen zählen: Psychotische Störungen ... Die Ursache für die kognitiven Auswirkungen ist die **hohe Verwundbarkeit des jugendlichen Gehirns.***«*[305]

Wider besseres Wissen behauptet Bundesgesundheitsminister **Karl Lauterbach** fahrlässig, mit seinem Gesetz würden *»der Schutz von Kindern und Jugendlichen sowie die Prävention und Aufklärung gestärkt.«*[306] Das ist eine unverantwortliche Rechtfertigung! Jetzt ist Cannabis-Konsum ab 18 Jahren legal, obwohl *»das menschliche Gehirn bis zur Reife im Alter von 25 Jahren besonders vulnerabel ist.«*[307] Ausgerechnet bei der Gruppe der 16- bis 24-Jährigen hat sich seit der Legalisierung der Konsum von Cannabis am meisten, von 21 Prozent auf etwa 33 Prozent erhöht.[308]

Man muss demnach die Duldung, ja Förderung von Süchten aller Art nur als bewusste, zumindest willkommene Maßnahme der Herrschenden werten, um Köpfe junger Menschen zu vernebeln, sie zu entkräften und **ihre Rebellion** zu **zersetzen**.

---

[305] »Wie gefährlich ist Cannabis wirklich?«, aok.de 31.5.2021

[306] »Lauterbach: Gesundheitsschutz hat Priorität«, bundesgesundheitsministerium.de 23.2.2024

[307] »Cannabis legal, aber ... erst ab 18«, infos-cannabis.de April 2024

[308] Beate Kranz, »Cannabis-Konsum steigt bei einer Gruppe besonders stark«, morgenpost.de 19.6.2024

Der **Jugendrat** der revolutionär-kurdischen Partei **HDP** startete 2021 eine Kampagne, die Verbreitung von Drogen als »spezielle Form der Kriegführung« bezeichnet:

»In den kurdischen Provinzen ist Drogenkonsum sehr verbreitet und wir kennen den Grund dafür ... Es soll eine vom System abhängige Jugend geschaffen werden, die ihr eigenes Wesen aufgibt, nichts hinterfragt und nicht kämpft. ... Die Jugend wehrt sich organisiert gegen die Angriffe auf ihre Sprache, Identität und Kultur.«[309]

Weltanschaulich ist die Flucht in eine drogenbedingte Traumwelt ein regelrechtes Gegenprogramm zur Entwicklung der Rebellion gegen die herrschenden Verhältnisse und zur Entwicklung des Klassenbewusstseins. Entgegen jeder Verharmlosung muss die revolutionäre, Jugend- und Arbeiterbewegung dem Drogensumpf entschieden entgegentreten. Auch die Jugend selbst muss den Kampf führen um ihre Zukunft in Gesundheit, für Lebens- und Schaffenskraft und mit einem klaren Kopf und einer gefestigten Kampfmoral.

Die Gefahr faschistischer Kultur

Ultrareaktionäre und Neofaschisten versuchen, Massenkultur für die Jugend als Türöffner in die faschistischen Bewegungen und ihre Organisationen zu benutzen. Dabei haben sich die Methoden in den 2020er-Jahren verändert. Festivals und öffentlich angekündigte »Rechtsrock-Konzerte« stießen regelmäßig auf massive Proteste und Gegendemonstrationen. Die faschistische Kultur veränderte daraufhin ihre Methoden. Sie durchdringt inzwischen alle Musikstile bis hin zum zuvor verhassten Hip-Hop.

---

[309] Hazal Karabey, in: »Eine kämpfende Jugend kann die Herrschenden erschüttern«, anfdeutsch.com 31.10.2021

»Dieser gezielte Imagewechsel dient der Rekrutierung der Jugend. Teenager sollen nicht mehr von Glatzen, die im Einheitsschritt durch die Stadt marschieren, verschreckt werden.«[310]

Gezielt wird die Grenze des Sagbaren verschoben. Der faschistische Rapper **Chris Ares** bekennt offenherzig:

»Es gilt immer wieder Worte einzubringen, die dann debattiert werden, die früher vielleicht unmöglich gewesen wären.«[311]

Faschistische Musik wird mit großer Finanzkraft vor allem über das Internet transportiert und beworben. Besondere Kritik entzündet sich an der größten Streamingplattform Spotify. Sie bietet der faschistischen Musik ein unbehelligtes Forum. Die Journalistin **Noemi Hüsser** schreibt:

»Spotify hat ein Naziproblem. Wenn man auf der Streamingplattform ›Hitler‹ sucht, finden sich unzählige Playlists. ... Und was macht Spotify? Die Plattform reagierte bisher kaum auf gemeldete Inhalte. ... Damit konfrontiert, blieb Spotify erstmal still«.[312]

Die Neofaschisten nehmen auch Einfluss auf das Denken, Fühlen und Handeln durch das Outfit oder die Renaissance von Frisuren, die im Faschismus und in der Nachkriegszeit Mode waren.

Es ist unverzichtbar, ein attraktives eigenes, antifaschistisches und auf den echten Sozialismus ausgerichtetes Kulturleben und -schaffen der Jugend zu fördern.

---

[310] Jonas Weinmann, »Wie Nazis HipHop für ihre Zwecke benutzen«, 16bars.de 22.4.2020

[311] ebenda

[312] Noemi Hüsser, »Spotify: Auf der Streaming Plattform kann man rechtsextreme Musik hören – wieso das gefährlich ist und was Spotify sagt«, beobachter.ch 17.2.2023

Die zersetzende Wirkung des Laissez-faire-Kults

Ausgehend vom modernen Antiautoritarismus entstand eine Strömung des **Laissez-faire-Kults** in der Gesellschaft, der immer ausgeprägt dekadentere Spielarten entwickelte.

In der »**Spaßgesellschaft**« wird »Spaß haben« als oberstes Lebensziel propagiert. Als Leitmotto soll *»signalisiert werden, daß die Spaßgesellschaft **keine Tabus** kenne«*.[313]

Das Grundprinzip des auf die Spitze getriebenen Laissez-faire-Kults ist die zunehmende Tabulosigkeit gegenüber jeder Art von Kick, egoistischer Selbstdarstellung, rücksichtsloser Selbstsucht und Respektlosigkeit bis hin zur Zerstörungswut auf Kosten anderer.

Mehr als 60 Prozent der Jugendlichen erleben **Mobbing** im Internet.[314] Beleidigung, Ausgrenzung, peinliche Bilder und Videos sind für die einen zum belastenden Alltag geworden, für die anderen zum niederträchtigen Freizeitvergnügen.

Autoposer rasen in Rennen mit aufgemotzten Autos durch die Städte ohne Rücksicht auf Schäden bis zu tödlichen Unfällen und mit einem bewusst herbeigeführten gesundheitsschädlichen Krach von über 100 Dezibel.

Vandalismus verursacht jedes Jahr massenhafte Sachbeschädigungen, oft als rücksichtslose Zerstörung wichtiger Gemeinschaftseinrichtungen wie öffentlicher Toiletten, der Sitze in Bussen und Bahnen, von Mülleimern oder Parkbänken. Jugendliche selbst gaben als Gründe für Vandalismus an:

---

[313] Jan-Holger Kirsch, »St. Krankenhagen: Auschwitz darstellen«, hsozkult.de 1.4.2024 – Hervorhebung Verf.

[314] barmer.de November 2023

»Frust oder Langeweile ... Neid ... Wut und Rache für eine erfahrene Ungerechtigkeit ... Gedankenlosigkeit ... Adrenalinkick oder Lust auf Randale«.[315]

Welch armselige, überlebte Gesellschaftsordnung, in der Jugendliche ihr Selbstbewusstsein durch aufgeblasene Selbstdarstellung aufmöbeln, Wut auf Ungerechtigkeiten in blinder Zerstörungswut ausleben, Spaß auf Kosten anderer pflegen!

An derartigen Exzessen wird deutlich, wie der vom Imperialismus gepflegte Antiautoritarismus entgegen seinem fortschrittlichen Nimbus den **Zugang zur ganzen Breite des dekadenten Milieus** wie Sexismus und Pornografie, Drogen oder Faschismus erleichtert und den Weg für ihre gesellschaftliche Akzeptanz ebnet. In dem Buch »Neue Perspektiven für die Befreiung der Frau« heißt es dazu:

*»In Wahrheit bringt der Antiautoritarismus nur Individualismus, Selbstsucht und Disziplinlosigkeit hervor. Es entsteht eine tendenzielle Unfähigkeit, die praktischen Dinge des Lebens selbständig zu meistern. Mit der Ablehnung jeglicher Autorität unabhängig von ihrem Klassencharakter werden Grundvoraussetzungen der Arbeit in der Produktion und im Klassenkampf angegriffen. In Verbindung mit der Wirkung der kleinbürgerlichen Massenkultur entsteht dadurch selbst unter vielen Arbeiterjugendlichen eine **kleinbürgerliche Lebensperspektive**.«*[316]

Gleichzeitig ist die Jugend am offensten für einen grundsätzlichen Ausweg und heute aktiv beteiligt an entstehenden gesellschaftsverändernden Bewegungen.

---

[315] »Warum demolieren junge Leute scheinbar sinnlos ein Auto?«, tuev-nordgroup.com 20.6.2019

[316] Stefan Engel, Monika Gärtner-Engel, »Neue Perspektiven für die Befreiung der Frau. Eine Streitschrift«, S. 96

Die kulturelle Dekadenz des Imperialismus

Bürgerliche Sozialwissenschaftler rechtfertigen die wachsende Dekadenz als allgemein menschliches und psychologisches Phänomen. So kommentiert **Sebastian Hermann**:

»*Die Welt geht vor die Hunde, ganz klar. Es geht bergab ... Derlei Niedergangsgeschrei über den Verfall der Sitten ist jedoch so alt wie die Menschheit – und die Welt ist noch immer nicht untergegangen. ...* (Es handle) *sich um eine grundmenschliche Eigenart*«.[317]

In Wirklichkeit ist es »*grundmenschliche Eigenart*«, dass die Massen kollektiv um ihr Überleben kämpfen oder mit wachsendem Bewusstsein ein Leben in Frieden ohne Ausbeutung, Umweltzerstörung und Kriege wollen.

Lenin charakterisierte treffend die klassenmäßige Wurzel der verzweifelten Grundhaltung:

»*Die Verzweiflung ist denjenigen Klassen eigentümlich, die zugrunde gehen ... Die Verzweiflung ist denjenigen eigentümlich, die die Ursachen des Übels nicht begreifen, die keinen Ausweg sehen, die kampfunfähig sind. Das moderne Industrieproletariat gehört nicht zu diesen Klassen.*«[318]

Die imperialistische Dekadenz konnte das hohe Ansehen der proletarischen Moral, der Solidarität, Selbstlosigkeit, Achtung vor dem Kollektiv, Ehrlichkeit, Mut und Klassenhass der Arbeiterklasse in all den Jahrzehnten allenfalls untergraben, aber nie zerstören. Bürgerliche Doppelmoral ist verhasst. Besonders verabscheuen die breiten Massen Faulenzerei, Vorteilsnahme, Egoismus, Schmarotzer- oder Duckmäusertum.

---

[317] Sebastian Hermann, »Alles immer schlimmer«, Süddeutsche Zeitung, 30.3.2021

[318] Lenin, »L. N. Tolstoi und die moderne Arbeiterbewegung«, Werke, Bd. 16, S. 337

Dekadenz geht vor allem von den niedergehenden Ausbeuterklassen aus, ganz besonders in der längst eingeleiteten historischen Umbruchphase vom Kapitalismus zum Sozialismus und in den bedrohlichen Krisen.

Heute hat die Arbeiter- und fortschrittliche Massenkultur mehr Bedeutung denn je. Sie vermittelt Mut und Offenheit für Neues, Durchblick und den Stolz, Teil der Zukunft zu sein. Sie stärkt die Bereitschaft zu Solidarität und Selbstlosigkeit, fördert schöpferische Ideen und proletarischen Ehrgeiz, Disziplin, Zuverlässigkeit und noch viel mehr.

Das **Kulturniveau der Arbeiterklasse** entscheidet wesentlich über die Veränderung der Gesellschaft, somit über Erfolg oder Misserfolg der Revolution und des sozialistischen Aufbaus.

4. Die Notwendigkeit der Weiterentwicklung der proletarischen Weltanschauung und der Lehre von der Denkweise

Im Mai 1917 kennzeichnete Lenin die unverzichtbare materielle Grundlage jeder erfolgreichen sozialistischen Revolution:

»*Die Herrschaft des Kapitalismus wird nicht deshalb untergraben, weil irgend jemand die Macht ergreifen will ... Keine Kraft könnte den Kapitalismus vernichten, wenn die Geschichte ihn nicht unterspült und untergraben hätte.*«[319]

---

[319] Lenin, »Krieg und Revolution«, Werke, Bd. 24, S. 416

Ohne **objektive Grundlage** kann es keine Herausbildung des subjektiven Faktors, der sozialistischen Überzeugung der Massen für eine Revolution, ihrer Kampfentschlossenheit und Todesverachtung geben – und somit auch keinen Sieg des Sozialismus.

Mit der Neuorganisation der internationalen kapitalistischen Produktion in den 1990er-Jahren setzte im Übergang zum 21. Jahrhundert eine **neue historische Umbruchphase vom Kapitalismus zum Sozialismus** ein. Ausgangspunkt dieser Entwicklung war die Rebellion der internationalisierten Produktivkräfte gegen die nationalstaatlich organisierten kapitalistischen Produktions- und Austauschverhältnisse.

Im Rahmen der Allgemeinen Krise des Kapitalismus löste die Weltwirtschafts- und Finanzkrise 2008 eine Krise der Neuorganisation der internationalen Produktion und dann eine **offene politische, ökonomische, ökologische und militärische Weltkrise** aus.

Damit ging auch eine **Krise der bürgerlichen Ideologie** einher. All das bedeutete eine beschleunigte Destabilisierung des imperialistischen Weltsystems, die aber auch das **Potenzial einer revolutionären Weltkrise** in sich birgt.

Als das imperialistische Russland 2022 den Ukrainekrieg entfesselte und das imperialistische Israel 2023 den Völkermord gegen die palästinensische Bevölkerung in Gaza begann, entstand und entwickelte sich die **akute Gefahr eines Dritten Weltkriegs**. Die Weltkriegsgefahr und der Beginn der globalen Umweltkatastrophe führten die Menschheit in eine seitdem anhaltende **latente Existenzkrise**. Die Herrschenden reagierten mit **allgemeiner Rechtsentwicklung** ihrer Staatsapparate, ihrer Parteien und Institutionen. Sie erzeugten eine weltweite **Tendenz zum Faschismus**, die in vielen Ländern bis zur **akuten Gefahr** der Errichtung faschistischer Regimes geht.

Seit Ende der 1970er-Jahre machten die Herrschenden in Deutschland zunehmend die Erfahrung, dass die bürgerliche Ideologie in ihrer offenen Form die Massen nicht mehr überzeugen konnte. Deshalb bauten sie im Lauf der 1980er-Jahre systematisch ein **ganzes gesellschaftliches System der kleinbürgerlichen Denkweise** auf. Mit trügerischen Versprechungen und einigen ökonomischen und politischen Zugeständnissen wurde suggeriert, die Anliegen der Massen in die herrschende Politik aufzunehmen. Mit diesem System förderten sie jedoch auch Desorientierung, Desorganisation und Demoralisierung in der Arbeiter- und Volksbewegung.

Mit der Entwicklung der allseitigen Krisenhaftigkeit des imperialistischen Weltsystems geriet jedoch auch dieses System immer mehr in Widerspruch zur erlebten Realität der Lebens- und Arbeitsbedingungen der Massen. Die **Herrschenden kamen in die Defensive** und das **System der kleinbürgerlichen Denkweise geriet in die Krise**.

Auch die seit 2021 amtierende »Ampel«-Regierung enttäuschte die Massen zutiefst. Sie war anfangs gerade wegen der Regierungsbeteiligung der Partei »Die Grünen« und dem von ihr versprochenen Umweltschutz für viele ein Hoffnungsträger. Unter ihrer Teilhabe an der Regierung entstand die tiefste Vertrauenskrise der deutschen Nachkriegsgeschichte in die herkömmlichen bürgerlichen Parteien, die Regierung, den bürgerlichen Parlamentarismus und seine Institutionen.

Damit lösten sich breite Massen von ihrem jahrzehntelangen Vertrauen in die deutsche Demokratie und die kapitalistische »Marktwirtschaft« als das »immer noch Beste aller Systeme«. Das herkömmliche Parteiensystem wurde gründlich durcheinandergewirbelt. Zunächst entstand eine heillose Verwirrung. Vor allem, weil durch den jahrzehntelang eingeimpften Antikommunismus einer breiten Masse die sozialistische Perspektive als unrealistisch und auch gar nicht erstrebenswert erschien.

Klassenkämpferische Positionen vermischten sich mit rückständigen Parolen vor allem gegen die Zunahme der Migration. Nicht wenige Menschen mit niedrigem Klassenbewusstsein suchten zunächst vor allem in den sozialen Medien ihre Informationen. Sie gerieten in ein rechtes Trommelfeuer und sahen den Weg des vermeintlichen Protests in ultrarechten und faschistoiden Parteien. Eine rechte Strömung konnte inzwischen den fortschrittlichen Stimmungsumschwung unter einem gewachsenen Teil der Massen zeitweilig überlagern.

Aufgrund ihrer eigenen Rechtsentwicklung wollte und konnte die »Ampel-Regierung« dem nichts ernsthaft entgegensetzen. Sie stärkte, befeuert durch die ultrareaktionäre »Opposition« aus CDU/CSU, den rechten Zulauf sogar noch durch ihre reaktionäre Flüchtlingspolitik, die Abwälzung der Kriegs- und Krisenlasten und sämtlicher Kosten von Umweltschutzmaßnahmen auf die Massen. Sie griff zum verstärkten Abbau demokratischer Rechte und Freiheiten. Nicht zuletzt unterstützte sie die rechte Strömung sogar ein Stück weit, statt prinzipiell die faschistoiden und faschistischen Parteien, Parolen und Narrative abzulehnen oder auch nur beim Namen zu nennen.

Eine erste Quittung bekamen die Regierung und auch die bürgerliche Opposition mit einem deutlichen Aufschwung der Arbeiterkämpfe von 2022 bis 2024, mit tausendfachen Bauernprotesten und einer Millionen umfassenden antifaschistischen Bewegung 2024. Den Demonstrierenden gelang es, die zunehmende Rechtsentwicklung sogar ein Stück weit zurückzudrängen.

Die Ergebnisse der Europawahlen und Landtagswahlen 2024 ergaben dennoch eine gefährliche Zunahme faschistischer Parteien in allen europäischen Ländern. Eine zunehmende **faschistische Gefahr** ist entstanden. Sie erfordert, dass entschlossen sämtliche politischen Aktivitäten mit dem antifaschistischen Kampf durchdrungen werden. Vor allem die weltanschauliche Auseinandersetzung gegen die faschistische Demagogie und der massenhafte Kampf um die Denkweise, um damit fertigzuwerden, gewinnen erheblich an Bedeutung. Das internationale Industrieproletariat muss sich an die Spitze einer antifaschistischen Einheitsfront bzw. Volksfront stellen.

Für die aufrüttelnde Bewusstseinsbildung unter den Massen bekommt die gezielt polarisierende Losung der MLPD **»Wer AfD wählt, wählt Faschismus«** große Bedeutung. Die Massen sollen dadurch bewusst vor die Alternative gestellt werden: Rechtsentwicklung, Faschismus und Untergang in der imperialistischen Barbarei oder vorwärts in die Zukunft des echten Sozialismus und Kommunismus.

Diese Richtungsentscheidung erfordert eine langwierige und geduldige Überzeugungs- und Erziehungsarbeit. Das steht in untrennbarer Einheit mit der Verarbeitung der Lebens- und Kampferfahrungen der Massen. In dem Buch »Morgenröte der internationalen sozialistischen Revolution« hieß es schon im Jahr 2011 zur herausragenden Bedeutung der weltanschaulichen Auseinandersetzung:

*»Als Vorgefecht der internationalen Revolution ist ein ideologischer Kampf um die Richtungsentscheidung der Massen entbrannt. Er nimmt **theoretisch die großen praktischen Fragen vorweg**, die in den unausweichlich bevorstehenden Klassenschlachten zu lösen sein werden.«*[320]

Unter den Massen entstehen spontan Protestbewegungen gegen die Wirkungen der imperialistischen Dekadenz. Sie müssen mit den internationalen Kampferfahrungen der Arbei-

---

[320] Stefan Engel, »Morgenröte der internationalen sozialistischen Revolution«, S. 548

terklasse und der breiten Massen und dem wissenschaftlichen Sozialismus durchdrungen werden, damit das Bewusstsein für eine gesamtgesellschaftliche revolutionäre Veränderung entstehen kann.

Dazu sind umfassende Wechselbeziehungen zwischen der marxistisch-leninistischen Partei und den Kämpfen der Arbeiterklasse, der Rebellion der Jugend und dem aktiven Volkswiderstand sowie die internationale Kooperation im Klassenkampf und in den sozialen Bewegungen notwendig. Diese sind unmöglich ohne eine lebendige Wechselbeziehung zwischen marxistisch-leninistischem Parteiaufbau und Förderung der überparteilichen Selbstorganisation der Massen. Die muss als tragende **organisierte Achse des Klassenkampfs** organisiert werden.

Der Kampf gegen die verschiedenen Formen des **Antikommunismus**, gegen dieses Wesen der bürgerlichen Ideologie, ist der Schrittmacher einer fruchtbaren Massendebatte um gesellschaftliche Alternativen, in der der Sozialismus erfolgreich an Ansehen gewinnt.

Dabei muss unbedingt Klarheit über den revisionistischen Verrat am Sozialismus vermittelt werden. Die Massen müssen verstehen, welche Lehren für einen neuen Anlauf zum Sozialismus zu ziehen sind.

Die **Krise der bürgerlichen Ideologie in allen Varianten des Opportunismus** bereitet den Boden vor zur Gewinnung der Arbeiter-, Frauen-, Jugend- und Umweltbewegung für das freie Denken, die proletarische Weltanschauung des wissenschaftlichen Sozialismus und das revolutionäre Handeln.

Die **Krise der bürgerlichen Naturwissenschaften** stellt die Untauglichkeit der metaphysischen Methoden des Positivismus und Pragmatismus unter Beweis. Die Verarbeitung dieser Erfahrungen ebnet den Weg der Begeisterung für die dialektisch-materialistische Methode und für eine gesellschaftliche Bewegung des streitbaren Materialismus.

Die **Krise der bürgerlichen Gesellschaftswissenschaften, der Religion und der Kultur** zeigt, dass sich die alten Bindungen in weltanschaulicher oder politischer Hinsicht auflösen und dem Wunsch nach neuen, befreiten gesellschaftlichen Paradigmen, Regeln, Beziehungen und Organisationsformen weichen.

Doch mit der Herausbildung der allseitigen Krisenhaftigkeit des imperialistischen Weltsystems und der bürgerlichen Ideologie gehen zunächst notwendigerweise auch Verunsicherung, Verwirrung und bei einem Teil der Menschen Rat- und Perspektivlosigkeit oder die Suche nach einem individuellen Ausweg einher.

Allein die Auflösung des Alten bedeutet noch keine Klarheit über das Neue! Die Denkweise der Arbeiterklasse und der breiten Massen entscheidet darüber, *wie* diese Realität verarbeitet und *welche* Schlussfolgerungen gezogen werden. Das Buch »Der Kampf um die Denkweise in der Arbeiterbewegung« fasste bereits 1995 zusammen:

»Die Denkweise entscheidet auf der Basis der objektiven Möglichkeiten über den Verlauf des proletarischen Klassenkampfs, des marxistisch-leninistischen Parteiaufbaus und des sozialistischen Aufbaus.«[321]

Die zielstrebige Herstellung der Überlegenheit der proletarischen im Kampf gegen und Fertigwerden mit der kleinbürgerlichen Denkweise ist heute eine äußerst komplizierte und vielschichtige Aufgabe. Sie bedarf einer Wissenschaft als

»Lehre von den Entwicklungsgesetzen des menschlichen Denkens bei der Herausbildung des proletarischen

---

[321] Stefan Engel, »Der Kampf um die Denkweise in der Arbeiterbewegung«, S. 205

Klassenbewußtseins und seiner Höherentwicklung zum sozialistischen Bewußtsein unter den Bedingungen der Vorbereitung der internationalen Revolution.«[322]

Diese Wissenschaft ist die **Lehre von der Denkweise**, die Wissenschaft von der Bewusstseinsbildung in der Arbeiterklasse, unter den breiten Massen, in der marxistisch-leninistischen Partei und in der Vorbereitung der internationalen sozialistischen Revolution.

Die Höherentwicklung dieser Wissenschaft ist die positive Antwort der proletarischen Weltanschauung auf die Krise der bürgerlichen Ideologie. Die Lehre von der Denkweise hilft in all der Verwirrung, die die bürgerliche Ideologie erzeugt, die Nebel zu lichten. Sie vermittelt die Gewissheit, dass die Menschheit mit den abstoßenden Destruktivkräften des Imperialismus fertigwerden kann. Die Marxisten-Leninisten können und werden dem kommunistischen Freiheitsideal zum Durchbruch verhelfen.

Die Lehre von der Denkweise ist die Anleitung, zielstrebig neues Ansehen für den echten Sozialismus auf Grundlage der proletarischen Denkweise zu erreichen und einen neuen Aufschwung im Kampf um Revolution und Sozialismus zu erkämpfen.

---

[322] Dokumente des V. Parteitags der MLPD, S. 37

Bücher zum Thema im Verlag Neuer Weg

Stefan Engel

Götterdämmerung über der »neuen Weltordnung«

Erschienen: 2003

Seit den 1990er-Jahren haben sich in der kapitalistischen Produktion eine Reihe neuer Erscheinungen und weitreichender Veränderungen entwickelt. Entgegen der verwirrenden Deutungsversuche kleinbürgerlicher Globalisierungstheoretiker analysiert dieses Buch, ausgehend von den Analysen des Imperialismus durch Lenin und des staatsmonopolistischen Kapitalismus in Deutschland durch Willi Dickhut, diese neuen Erscheinungen und wesentlichen Veränderungen im imperialistischen Weltsystem. Sie werden als Neuorganisation der internationalen kapitalistischen Produktion zusammengefasst und leiten eine neue Phase der Entwicklung des imperialistischen Weltsystems ein. Internationale Produktion und Handel sind zum bestimmenden Charakter der Ausbeutung und Unterdrückung durch eine kleine führende Schicht des allein herrschenden internationalen Finanzkapitals geworden. Weitere Merkmale der ausgereiften materiellen Vorbereitung des Sozialismus sind entstanden. Eine neue historische Umbruchphase wurde eingeleitet.

592 Seiten, Hardcover
ISBN 978-3-88021-340-1
Taschenbuch
ISBN 978-3-88021-357-9
CD-ROM
ISBN 978-3-88021-341-8
ePDF
ISBN 978-3-88021-424-8
Englisch
ISBN 978-3-88021-342-5
Französisch
ISBN 978-2-7475-9895-8
Russisch
ISBN 978-5-9900422-7-8
Spanisch
ISBN 978-3-88021-349-4
Türkisch
ISBN 978-975-7919-56-8

Stefan Engel
Morgenröte der internationalen sozialistischen Revolution
Erschienen: 2011

Auf Grundlage der marxistisch-leninistischen Analyse der Neuorganisation der internationalen Produktion und insbesondere des internationalen Krisenmanagements in der Weltwirtschafts- und Finanzkrise ab 2008 werden Schlussfolgerungen für die Strategie und Taktik der Vorbereitung der internationalen proletarischen Revolution gezogen. Bei allen Unterschieden der Klassenkämpfe in den einzelnen Ländern braucht das internationale Proletariat im Bündnis mit allen Unterdrückten einen gemeinsamen Bezugspunkt: die internationale sozialistische Revolution. Die Koordinierung und Revolutionierung des Klassenkampfs muss die fortschrittlichen, demokratischen und revolutionären Massenbewegungen und -organisationen zu einer internationalen Macht zusammenschließen, die dem imperialistischen Weltsystem überlegen ist. Die konkreten ökonomischen, sozialen und politischen Bedingungen eines jeden Landes müssen in der jeweiligen proletarischen Strategie und Taktik ebenso Berücksichtigung finden wie der allgemeine Bezug auf die internationale Revolution. So erscheint die internationale proletarische Strategie und Taktik als ein Orchester verschiedener proletarischer Strategien und Taktiken der revolutionären Arbeiterparteien in den jeweiligen Ländern.

620 Seiten, Hardcover
ISBN 978-3-88021-380-7
Taschenbuch
ISBN 978-3-88021-391-3
CD-ROM
ISBN 978-3-88021-384-5
ePDF
ISBN 978-3-88021-418-7
Englisch
ISBN 978-3-88021-389-0
Französisch
ISBN 978-3-88021-394-4
Russisch
ISBN 978-5-91022-217-9
Spanisch
ISBN 978-3-88021-387-6
Türkisch
ISBN 978-605-66680-6-7

Stefan Engel

Die globale Umweltkatastrophe hat begonnen!
Was tun gegen die mutwillige Zerstörung der Einheit von Mensch und Natur?

Erschienen: 2024

469 Seiten, Taschenbuch
ISBN 978-3-88021-677-8
ePDF
ISBN 978-3-88021-694-5

Riesige Wald- und Buschbrände, gigantische Sturzregen, sterbende Wälder, Überflutungen, Dürrekatastrophen, Tornados – nahezu täglich Katastrophenmeldungen in Zeitungen und News-Tickern. Eine Reihe von irreversiblen Zerstörungs- und Selbstzerstörungsprozessen in der Natur entfalten sich und stellen das Überleben in immer mehr Regionen der Erde infrage. Diese Prozesse machen deutlich, die globale Umweltkatastrophe hat begonnen! Die Hauptverantwortlichen für diese Entwicklung sind die internationalen Übermonopole, die in der Jagd nach Maximalprofit gnadenlos und wider besseres Wissen über den dringend nötigen Umweltschutz und akut gebotene Sofortmaßnahmen hinweggehen. Alle, die nicht in der globalen Umweltkatastrophe untergehen wollen, sind heute wie nie zuvor herausgefordert, einen gesellschaftsverändernden Kampf aufzunehmen.

Im vorliegenden Gesamtwerk sind die beiden Bücher »Katastrophenalarm! Was tun gegen die mutwillige Zerstörung der Einheit von Mensch und Natur?« von 2014 und der Ergänzungsband »Die globale Umweltkatastrophe hat begonnen!« von 2023 enthalten. Sie machen unmissverständlich klar – eine Rettung der Menschheit wird nur im echten Sozialismus möglich sein. Wir befinden uns in einem historischen Wettlauf mit der Zeit!

Die Krise der bürgerlichen Ideologie und die Lehre von der Denkweise (Teil I–V)

Stefan Engel

Teil I: Die Krise der bürgerlichen Ideologie und des Antikommunismus

Erschienen: 2021

Berechtigt verlieren immer mehr Menschen das Vertrauen in die herrschende Politik. Doch welche Lehren ziehen die Arbeiter und Arbeiterinnen, die Massen der Welt aus dem umfassenden Krisengeschehen? Die bürgerliche Ideologie hat ihre Anziehungskraft verloren und steckt tief in der Krise. Ein weltanschaulicher Kampf um Deutung und Schlussfolgerungen ist entbrannt. Der Antikommunismus ist seit der offenen Krise des Reformismus und des modernen Revisionismus zum Haupthindernis in der Bewusstseinsbildung der Massen geworden. Doch er befindet sich selbst in der Krise, weshalb die Herrschenden ihn permanent modifizieren müssen. Dieses Buch folgt der Überzeugung, dass die Zeit reif ist für eine weltanschauliche Offensive des wissenschaftlichen Sozialismus.

Das Buch ist der erste von fünf Teilen der Schrift »Die Krise der bürgerlichen Ideologie und die Lehre von der Denkweise« der Reihe REVOLUTIONÄRER WEG, die als Nummer 36 bis 40 erscheinen werden.

220 Seiten, Taschenbuch
ISBN 978-3-88021-596-2
ePDF
ISBN 978-3-88021-597-9
Englisch
ISBN 978-3-88021-598-6
Französisch
ISBN 978-3-88021-600-6
Spanisch
ISBN 978-3-88021-602-0

Stefan Engel

Teil II: Die Krise der bürgerlichen Ideologie und des Opportunismus

Erschienen: 2022

Das Vertrauen in den Kapitalismus bröckelt unter den Massen erheblich. Es sind vor allem opportunistische Strömungen, über die die bürgerliche Ideologie in die fortschrittlichen Bewegungen und die Arbeiterklasse eindringt, um die Entwicklung des sozialistischen Klassenbewusstseins der Arbeiterklasse zu verhindern. Das Buch knüpft direkt am ersten Teil dieser Reihe »Die Krise der bürgerlichen Ideologie« und des Antikommunismus« an, der im April 2021 erschien.

Als zweiter Teil in der Reihe »Die Krise der bürgerlichen Ideologie und die Lehre von der Denkweise« befasst es sich damit, wie der Opportunismus im weltanschaulichen Kampf auf der Grundlage der praktischen Kampferfahrungen nachhaltig überwunden werden kann und muss.

268 Seiten, Taschenbuch
ISBN 978-3-88021-616-7
ePDF
ISBN 978-3-88021-611-2
Englisch
ISBN 978-3-88021-617-4
Französisch
ISBN 978-3-88021-647-1
Spanisch
ISBN 978-3-88021-637-2

Stefan Engel

Teil III: Die Krise der bürgerlichen Naturwissenschaft

Erschienen: 2023

In der Buchreihe »Die Krise der bürgerlichen Ideologie und die Lehre von der Denkweise« behandelt der dritte Teil die Krise der bürgerlichen Naturwissenschaft. Die Naturwissenschaftler genießen in der bürgerlichen Gesellschaft allgemein hohes Ansehen, weil sie scheinbar unpolitisch, unanfechtbar und nur dem gesellschaftlichen Fortschritt verpflichtet sind. Mit dem Vordringen des Positivismus und Pragmatismus haben die Naturwissenschaften jedoch erheblich an Wissenschaftlichkeit eingebüßt und sind in eine Krise geraten. Diese Streitschrift soll das materialistisch begründete freie Denken in der Arbeiterklasse wiederbeleben. Ohne sich von den Fesseln des Idealismus und der Metaphysik zu befreien, wird die Menschheit nicht in die Lage kommen, die Errungenschaften der modernen Naturwissenschaften für den gesellschaftlichen Fortschritt zu nutzen. So ist dieses Buch auch ein Muss für jede streitbare Wissenschaftlerin und jeden streitbaren Wissenschaftler. Es dient dem Ziel, dem wissenschaftlichen Sozialismus und seiner dialektisch-materialistischen Methode zu neuem Ansehen zu verhelfen.

165 Seiten, Taschenbuch
ISBN 978-3-88021-649-5
ePDF
ISBN 978-3-88021-650-1
Englisch
ISBN 978-3-88021-663-1
Spanisch
ISBN 978-3-88021-668-6

Am Teil V »Die Lehre von der Denkweise« wird bereits intensiv gearbeitet.

Verlag Neuer Weg, Alte Bottroper Str. 42, 45356 Essen
Tel.: 0201 25915, E-Mail: verlag@neuerweg.de
Webshop: www.people-to-people.de

Reihe REVOLUTIONÄRER WEG auf der Webseite der MLPD

▶ **www.revolutionaerer-weg.de**
Theoretisches Organ der MLPD

Neben den Vorstellungen der einzelnen Ausgaben des Systems REVOLUTIONÄRER WEG findet man hier unter anderem auch weitere Dokumente, Stellungnahmen, Videos und vieles mehr zu den wichtigen Fragen unserer Zeit.

▮ Rote Fahne

▶ **www.rf-news.de / rote-fahne**
14-tägig erscheinendes Magazin, im Abo erhältlich

▶ **www.rf-news.de**
Tägliches Nachrichtenportal

▶ **www.rote-fahne-tv.de**
Videoberichterstattung der Roten Fahne